Sibel Eraslan :

Üsküdar doğumlu. Üsküdar Kız Lisesi ve İstanbul Hukuk Fakültesi mezunu. 1989-1995 yılları arasında aktif siyasi hayatın içindeydi. 1996'dan itibaren kadın hakları, kadınların siyasal, eğitim ve istihdam talepleri doğrultusunda çeşitli projelerde görev aldı.

2000 yılından beri İstanbul Kadın Aile Dayanışma Merkezi editörlüğünü sürdürüyor. Ortadoğu Barış Hareketi, İşgale Hayır Konseyi, Hindistan Bağlantısız Kadın Avukatlar Birliği üyesi. 1999'dan beri Vakit gazetesi köşe yazarı. Aynı zamanda haftalık gazete *Gerçek Hayat*'ta yazıyor.

2002 yılında Türkiye Yazarlar Birliği "basın" dalı ödülünü aldı. 2002 yılında Birun Yayınları'ndan çıkan *"Fil Yazıları"* adlı deneme kitabı var.

2006 Mayıs ayında Elest Yayınları'ndan çıkan *"Can Parçası: Hz. Fatıma"* kitabından sonra, 2006 Eylül ayında Dergah Yayınları'ndan *"Balık ve Tango"* adlı hikaye kitabı yayınlandı.

SELİS KİTAPLAR: 81

Editör : Elif Çakır

Kapak Tasarım : Refik Yalur

İç Baskı : Çalış Ofset

Kapak Baskı ve Cilt : Bilge Matbaacılık

ISBN : 975-975-8724-87-1

1. Baskı : Temmuz 2007
2. Baskı : Eylül 2007

SELİS KİTAPLAR
Çatalçeşme Sk. Nuri Tezer Apt. 23/1 Cağaloğlu-İstanbul
Tel: 0212. 514 56 53 Faks: 0212.520 05 58
www.seliskitaplar.com

Osmanlı Sarayında

Kadın Sultanlar

▼

Sibel Eraslan

Selis Kitaplar

İstanbul 2007

İÇİNDEKİLER

GİRİŞ

Tarih; elinde eski fotoğraflarla dolu can sıkıcı kutusuyla gezinen ihtiyar bir adam değildir... Bana sorarsanız çok çocuklu bir ailede güç bela da olsa, nihayet herkes yattıktan sonra odalarda huzurla dolaşan, ılık bir hava'dır o... Pek bir şey yapamaz bir günü daha geride bırakmış insanoğlunun saatlerini sabaha kurmaktan başka... Yani daha çok bir kum saatinin ters çevrildikten sonra yere doğru akan kısmındaki salınımlar veya biz uyurken bile dersine çalışan akıllı yelkovan ya da duvarda asılı eski saatlerin sarkaçları üzerindeki toz gibi tarih de geceyi gündüze bağlayan usta bir örgücüdür...

Onun örgüsü, kendisine soru soran tüm çocuklara aynı cevapları taşımaz. Aslında böyle davranması bir bakıma iyidir, yani çok konuşkan biri olmaması tarihin... Söz gelimi matematik olsaydı bu kitabın konusu, o tüm cevapları cebinde taşıyan bilgiç bir öğretmen edasıyla yazdırabilirdi kendisini... Ama tarih, geçip giden hayatın aslında kendisi olarak böyle davranmaz bizlere... Yazgının ağırlığı, Kalem'in yaratıldığı ilk günden bu yana, belini bükmüştür onun... Tarih biraz eğriliğe yatkın ise bundan...

Tarihin eğik boynunu ve suskunluğunu seviyorum... Çünkü bu haliyle buyurgan bir efendiden çok, görmüş geçirmiş bir derbederliği ile yanına derhal bir sandalye çekip konuşabileceğiniz birine benziyor... Siz sordukça yavaş yavaş açıyor kendini size, çoğu kez susuyor ya da unutmuş gibi davranıyor ve sanki sizin devam etmenizi isteyen bu haliyle yarım bırakılmış bir rapsodiyi veya sonu anlatılmamış bir masalı andırıyor... Herkes kendi altınını, nasibi kadarıyla çıkaracaktır bu nehirden... Tarihin bir ucu, bu yüzden biraz hikayedir, hayatımızın hikayesi...

Osmanlı Sarayı'nda Kadın Sultanlar, susma aralıkları benim tarafımdan ince tellerle bağlanan hikayelerden oluşuyor... Yemin etsem başımın asla ağrımayacağı kadar sadık kaldım tarihin bana kısık sesle anlattığı şeylere. Fakat kâh korkup da sustuğu kâh önemsemediği için atladığı veya bilmediğim başka sebeplerle geçiştirdiği kısımlar da oldu ki, onun yarım bıraktığı bu odalarda Kadın Sultan'larla ben baş başaydık... Bana iyi davrandılar peşinen bunu söyleyeyim...

Sağ işaret parmaklarında taşıdıkları Saltanat Mührü'nden çok, gözlerindeki sürmenin hesabını vermeye o kadar çok alışmışlardı ki... Oba'dan Saray'a yürüyen devletli talihleri, onları asırlar sonra gemilerle çıkıp ayak basacakları diyar arayan bir yurtsuza dönüştürdüğünde bile anlatacak çok şeyleri vardı...

Kutlu Osmanoğlu rüyasının başını tutuyordu Osman Gazi'nin eşi Malhun Hatun, son Padişahın üstüne haciz konmuş tabutuyla baş başa kaldığı ıssız odada günlerce ağlayan vatansız Sultan Nevzad Hanımefendi ise, bambaşka bir kabus kıyısında... Prenses Mevhibe Celalettin'e ise, Anadolu turnelerine çıkan ikinci sınıf bir tiyatro grubunda sahne sırasını beklerken rastladık. Ya pudra-makyaj takımının içine ya da dibi hiç boşalmayan kadehlerin ardına sığınırken bulduk onu... Kitap henüz tamamlanmadan Son Halife'nin kızı Dürrişehvar Sultan da göçtü aramızdan, İstanbul'a hasret gitti, namazını kılacak birkaç kişiyi zorla buldular gurbet ellerde...

Ve suskunluk, hatırasızlık! En çok buydu bizi çarpan, hikayeleri kaleme alırken... Tarihi şimdiye kadar erkek kumandanlar, krallar ve azizler üzerinden yazan pek çok soru sahibinin de elbette payı vardır kadınlara dair bu suskunlukta...

Elinizdeki kitap bir tür hatıra defteridir. Tarihi can sıkıcı bir ihtiyar olarak görmediğimizden olsa gerek hikaye etme yolunu tercih ettik onunla yaptığımız anlaşmada...

Tarihin nefesidir hikaye!

Kıyamet günü Son Meleğin son nefesine kadar devam edecek uzun soluklarımızdır tarihi yazan... Hesap Günü terazi kefelerinde tartılacak olan da yine hikayelerimiz...

Sibel Eraslan
2005-2007
İstanbul

La Sultane

Kadın, Rüya ve Devlet:

Malhun Rabia Sultan

"Rüya devlettir" derdi, beni büyüten Rumeli kadınları...

Hiç üşenmezlerdi biz çocukların gördüğü düşleri sabırla dinlemekten ve hiç kötüye yormazlardı anlattıklarımızı; *"rüya görmeyen, devlet bulamaz"* diyerek... "Devlet kuşu"nun kanatlarından düşen bir tüydü onların nazarında bizim gördüklerimiz. Belli etmeseler de çok yorgundular aslında; hayatları göç kösünün hicranlı nağmeleri arasında bir serhadden bir ricate savrulan bu muhacir kadınlar, elbette güçlü olmalıydılar, olmak zorundaydılar...

Belki de sırf bir rüyanın hatırıdır onları ayakta ve azimle durduran...

Onlar, bir rüyadan devlet çıkaran milletin, bir devleti rüya ile ayakta tutmaya çalışan anneleri gibiydiler...

Annelerimizin sabrında, varoluşun sırrı gizlidir. Ölümden sonraki hayata salınırken de belki bu yüzden, bir şeycikler taşıyamayız da ötelere, bir anamızın adıyladır künyemiz...

Medeni Kanunlar; *"çocuğu doğuran kadın, anadır"* der... Devletleşme serüvenimizin odak noktasında duran ve hepimizin annesi olan bir kadından söz etmek istiyorum sizlere: Malhun Hatun'dan...

Şeyh Edebali'nin kızı...

Osman Gazi'nin eşi...

Orhan Gazi'nin anası...

Evlattır, eştir, arkadaştır, yoldaştır, anadır, kadındır ama hepsinden önce; görülmüş bir rüya, bir devlettir Malhun Hatun...

Tarihçi Solakzade, Şeyh Edebali kızı Malhun Hatun'un bir diğer isminin de Rabia olduğunu zikreder. Malhun Rabia Sultan, hem ismi hem cismiyle, hem isminin ima ettiği büyük rüya hem de cisminin işaret ettiği kutlu Osman Gazi soyuyla, "devlet nasıl olunur?" sorusunun da anahtarı gibidir. Asıldır, temeldir, mayadır. Yüzü geleceğe dönük kutlu kök hücredir...

"Bir kadın dört şey için nikah edilir" der, Hz. Peygamber (sav); *"soyu, dini, mülkü ve güzelliği için..."* Ardından da nasihatini; *"sen dindar olanı tercih et"* diye tamamlar...

Malhun Hatun'un nikahından murat neydi tam olarak bilemiyoruz ama,soyca soylu idi... Moğol istilasına karşı Anadolu'yu çelik bir zırh gibi koruyacak Şeyh Nasiruddin Mahmud (Ahi Evran), Baba İlyas, Hacı Bektaş, Mevlana Rumi gibi büyük üstad ve dervişlerin yolundan giden bir fedaiydi babası Şeyh Edebali... Alperendi, mücahiddi.

İbni Battuta'nın seyahatnamesinde, Ahi Evran yolunun sadece zikr halkasından ibaret bir tarikat olmadığını okuruz. Sanat ve ticaret ahlakını, toplumsal dayanışmayı, eğitim ve öğretimi de içine alan bir hayata bakış açısıydı ahilik... Ahilik için, devleti kendi içinden ören örgüleyen, devlete beden olan bir toplumsallaşmadan bahseder Battuta...

İşte Malhun Hatun'un babası Şeyh Edebali, bir taraftan İslami bilinç ve tebliğ işiyle manevi eğitimle uğraşan, diğer taraftan da Anadolu İslamlaşmasını toplumsal ve askeri planda destekleyip organize eden, böylesi mühim bir güçtü...

Tarihçi Aşıkpaşazade, Ahiliği Osmanlı devletinin kuruluş aşamasında bir temel olarak görür. Eskişehir'de mukim Şeyh Edebalı ve dergahı da, Osmanlı'yı devlet yapan, alperenlik ve gazi ruhunun dinamolarından biridir... İslami ilimleri Şam Medreselerinde ikmal etmiş, sonrasındaysa 'ilayı kelimetullah' için Diyar-ı Rum'a yönelmiş, hali vakti yerinde, yardımsever ve zengin gönüllü bir dervişti Şeyh Efendi...

Dolayısıyla Malhun Hatun, hem soyca temiz ve asil bir silsilenin sülbünden geliyordu, hem de malını mülkünü yoksul ve muhtaçlara infakla bereketlendiren helal bir zenginlik içinde büyümüştü...

Dini tahsilini ve hidayeti babasının dizinde ikmal etmiş, aile ve dergah kadınlarının arasında Bacıyan-ı Rum bilinciyle yetişmişti Malhun. Bacıyan-ı Rum, Ahiliğin bir nevi kadın teşkilatı ve sanat mektebi gibi düşünülebilir. Battuta, Anadolu bacılarının sadece edilgen ve mahcup bir tarikat terbiyesiyle yetinmeyip, müntesibi olan hanımlara el sanatları ve ticareti de öğrettiğini yazıyor. Seyyah, o dönemlerde gezdiği diyarlar içinde kendine güvenen, bilgi ve tecrübesine inanan, iffetini korumakta kimseden medet ummayan ve gerektiğinde düşmanla cedelleşmekten asla çekinmeyen bu hanımları, diğerlerinden ayırır ve övgüyle anlatır. Malhun Hatun'un içinde büyüyerek bir devlet rüyasını mayaladığı zemin işte budur... At binen, kılıç tutan, göç düren ve seren, gittiği her yamacı yurda çevirmesini bilen analardır bunlar... Anadolu, analar doludur ve Malhun onların baş kadınıdır...

Tarihçi Hammer'in "*elbette çok güzeldi*" başlığıyla açtığı paragraflara bakınca, hakkında kılıçların karar kıldığı bir Türkmen güzeli de çıkar karşımıza. Değme beyler, gaziler, Malhun Hatun'u eş olarak almaya taliptir; hatta birbiriyle yarışıp vuruşanlar vardır... Ama onun kısmeti, Osman Gazi'ye bir rüya ile sözünün kesilmesinde karar tutar...

Bundan sonrası, Solakzâde tarafından da şu şekilde nakledilir:

"Osman Han, merhum babasının yoluna devam ederek, Anadolu'daki kumandanlar arasında ve gaza meydanında kendini gösterdi. Alimlere ve şeyhlere çok fazla itikadı vardı. O zamanın yüce makam sahibi, hal bilen şeyhi, Şeyh Edebalı hizmetine devam ederek onun dua ve hürmetini rica ve istida ederdi. Bir gece adeti olduğu üzre, Cenab-ı Allah'a münacatta bulunup hacet dilerken, kendileri uykuya daldılar. Rüya aleminde, Şeyh Edebalı'nın koynundan bir ayın doğup gelerek, kendi koynuna girdiğini gördüler. Bu ay kendisinin göbeğinden nihayeti olmayan bir ağaç şeklinde biterek, dalı ve budağı ile bütün dünyayı kuşatır..."

Osman Gazi, bu güzel yerden uzak kalınca sabah namazını eda edip Şeyh hazretlerinin huzuruna varır. Gördüğü rüyayı ayrıntısıyla kendisine anlatır. Şeyhin bu rüyayı tabir etmesini diler. Şeyh Edebalı önce kendi iç alemine yönelip murakebe ettikten sonra, başını kaldırıp Osman Gazi'ye; "Ey yiğit, müjdeler olsun! Sana ve senin nesline padişahlık verildi. Rüyanda gördüğün o ay, koynumdan çıkıp senin koynuna girdi. Sen benim kızımı alıp bana damat olacaksın. Bundan çocukların ve soyun olacak. Kıyamete kadar yedi iklimde hüküm süreceklerdir' dedi."

Rüyaların, vahiy perdelerinden bir derece ve ilahi bir sezgi anlamı vardır. Kur'an'da, rüya meselesinin hak bir mevzu olarak, bir ilim konusu olduğunun anlatıldığı Yusuf Suresi'ne "ahsen'ül kassas" (kıssaların en güzeli) unvanını veren de bizzat Rabbımizdir. Nitekim Yusuf Peygamber de rüyasında kendisini bir güneş ve kardeşlerini de kendine secde eden birer yıldız şeklinde görmüştür ve babası Yakup Peygamber tarafından bu rüya 'risalet' şeklinde tabir edilmiştir... Yusuf'a risalet tevdi eden güneş rumuzu, Osman Gazi'ye devlet olma şifresini Malhun Hatun üzerinden hediye etmiştir...

Malhun, sadece Osman Gazi'ye hediye edilmiş bir dolunay değildir. Bu rüya cihanşumul bir devletin mayası olmuştur. Malhun; annedir, öncüdür, kurucudur... Orhan Gazi gibi bir akıncının anasıdır. Gelini Bizans Prensesi Olifera'yı, Nilüfer Hatun'a dönüştürecek açılımcı şahdamar da kendisidir...

Asırlarca yedi iklime, adaleti, barışı, insana saygı ve onuru, refahı ve dayanışmayı götüren, Osmanlı'yı bir medeniyet mührü kılan ruh, Malhun Hatun'un tezgahında dokunmuştur.

Osmanlı'nın zuhurundaki bu dişil ve anaç karakter, tarih içindeki devamlılığımız ve geleceğimiz adına da bir bahttır. Gaziler ve şehitlerden kurulu obasında beşik sallayan bilekleriyle, aslında dünyayı sallayan bir Türkmen gelinidir o...

"Rüyası olmayanın devleti de olmaz" diye boşuna dememiş büyüklerimiz...

İlk Göz Ağrısı:

Nilüfer Hatun

SEYYAH İbn Battuta, İznik seyahati sırasında, büyük bir iltimasa mazhar olarak, Nilüfer Sultan'la sohbet etme imkanına kavuşmuştu...

Nilüfer: Suyun çiçeği...

Yapraklarını ancak duru bir suyun üstünde açabilen bu garip çiçeğe hayretle bakıyordu Battuta. Niçin toprakta değil de suda?

...

Battuta, uzun yolculuğunda birbirinden değişik nice memlektler geçip gelmişti ''Türk Yurdu''na...Tanca'dan Cidde'ye, oradan Filistin'in kutlu toprakları Gazze'ye ve Gazze üzerinden de Lazkiye Limanından bindiği bir korkora (Ceneviz ticaret gemisi) ile Akdeniz'e açılmışlardı. İl durakları Alanya idi...

Battuta daha Anadolu topraklarına adım atar atmaz memnuniyetini dile getirir:

"Rum diyarı olarak bilinen bu ülke, dünyanın belki en güzel memleketi! Allah Teala, güzellikleri öbür ülkelere ayrı ayrı dağıtırken, burada hepsini bir araya toplamış! Dünyanın en güzel insanları, en temiz kıyafetli halkı burada yaşar ve en leziz yemekler de burada pişer. Allah Teala'nın yarattığı kullar içinde en şefkatli olanlar buranın halkıdır. Bu yüzden şöyle denilir:'' Bolluk ve bereket Şam diyarında, sevgi ve merhamet ise Rum'da!"...

Alanya'dan sonra Antalya, Eğridir, Gölhisar, Denizli, Manisa, Muğla, Milas, Konya, Balıkesir, Bursa eyaletlerini ve sultanlarını yakından görme ve ziyaret etme şerefine nail olduğunu yazar satırlarında...

1333 yılının yaz ayları...

Bursa üzerinden İznik'e giden yolun iki tarafı da tatlı ve ekişnar ağaçlarıyla kaplıdır. Bir ırmak boyunca üç gün yol aldıktan sonra, her yanı kamışlarla örtülü bir göl kenarına varırlar Seyyah ve kafilesi... Bu gizemli Göl'den tam sekiz mil sonra, çevresi dört muhkem sur ve aralarında su dolu hendekler vasıtasıyla korunan ünlü İznik şehrine varırlar. Kendilerini nöbetçilere tanıttıktan sonra, surlardan hendek üzerine doğru açılan bir köprünün üzerinden içeri buyur edilirler...

Orhan Gazi, memleketlerini sürekli kontrol eden bir gazi kumandan olduğundan, Battuta şehre vardığında, Sultan'ın eşi Nilüfer Hatun'u Saray'ında hizmetkarları ile yalnız olduğunu öğrenir...

Battuta ve kafilesini ahi zaviyelerinde birkaç gün misafir ederler şehrin ahalisi... Şehrin gençleri, kendilerine bir tür manevi ''baba" bildikleri ''ahi" lerin zaviyesinde toplanır, orada yatar kalkar, günlük kazançları ile orada yer içer, ibadet ve eğlencelerini bu zaviyelerde geçirirlerdi...

Peygamberlerinin dilini konuşan bir ziyaretçiyi adeta başlarının üstünde taşıyarak ona ikram yarışına girerler hatta bazen misafir etme konusunda aralarında kavga çıkar, iş bellerindeki hançerlere kadar uzayınca araya giren yaşlı ''ahi''lerle iş, tatlıya bağlanır, her zaviye Seyyah ve kafilesini ayrı ayrı misafir ederdi...

Her ne kadar şehir ve Saray'ları olsa da İznik'in doğu yamaçlarına, eski usul otağ da kuran Orhan Gazi Beyliği, Nilüfer Hatun'un aracıları ile Battuta ve ehlini, Saray'ın üç mil kadar uzağındaki çadırlarına davet ediyorlardı işte en nihayetinde...

Kendilerine Orhan Gazi'nin süvarileri tarafından hediye edilen iyi cins atlara binerek, şehrin dışındaki obaya doğru hareket ettiklerinde ünlü gezginimizin aklında, Tekfur kızı Nilüfer Hatun'un rızası hilafına kaçırıldığına dair duyduğu söylenceler vardı... Cidden merak ediyordu bu işi... Bizans kızı gönüllü müydü Sultanlıkda yoksa baba evinden koparılıp zorla kaçırılmış mıydı Türk Sultanı tarafından, öğrenecekti elbette... Yolda konuştuğu tercüman, Nülüfer Hatun'un asıl isminin Olifera olduğunu fakat kendisinin Müslüman olduktan sonra Nilüfer olarak çağrıldığını anlatmıştı ona... Nilüfer bir su çiçeğiydi...

...

Nilüfer Hatun, bey hanımlarına mahsus üstü koç postu ile örtülmüş yüksekçe sedirden dinliyordu oba misafiri seyyahı. Saltanat edeplerini gayet iyi bilen Seyyah Battuta, karşısındaki Hakan eşinin yüzüne, gözlerini dikerek bakamayacağını, elbette biliyordu. Öte yandan genç gelin Nilüfer'in yüzünde, simasında, sesinde zorakiliğe dair hiçbir ize rastlamamak da şaşırtıyordu bilge seyyahı...

Öyle ya herkesin anlattığına göre; bir akşam üstü, gelinliğiyle esir alınan Tekfur kızı Holifera'dan, elbette bir yüz kırgınlığı sezebilirdi Battuta...

Tam tersine, ayna ve incilerle bezenmiş alınlık ve fesi, sonra fesinin üzerinden aşağı doğru kayan eflatun ipekli örtüsüyle güler yüzlü bir Müslüman gelini karşılamıştı onu... Dizini kırıp oturduğu yerden Hatun'a hürmet dairesinde mukabele ediyor, kah Latince kah Türkçe konuşup, Bacı'ların getirip götürdüğü meyvalardan, şerbetlerden çeşit çeşit ikramlar tadıyordu bilge gezgin...

Gerek hizmet görenler, gerekse Hakan ailesi kadınları, hatta obada tanışıp konuştuğu büyüklü küçüklü diğer kadın ve kızlar, daha evvel konup göçtüğü coğrafyalarda notlarını tuttuğu Müslüman kadınlardan epey farklıydı Kayı Boyu'nda... Peçe takmıyorlardı...

Bacıyan-ı Rum terbiyesi içinde kendilerine güvenen ve saygı duyulan halleriyle kadınların bu hayatın içindeliği şaşırtıyordu Battuta'yı. Hele şu az evvel kendisine yoğurt tarifi yapan güleç nine, şimdiye kadar hiç tatmadığı bu Kayı yiyeceğini adeta hikmetli bir efsane gibi dile getirmişti. Elindeki kepçesini yukarı kaldıra kaldıra konuşurken, bir aşçıdan çok mahir bir kumandana benzetti onu Seyyah...

"Maya" demişti genç adama, "maya, her şeyin başıdır ama yetmez, kıvam da gerek..." "Ne çok sıcak olacak süt, ne de soğuk... Ilıkla sıcak arası vaktini fark edemezsen sütün, yoğurdu tutturamazsın. Hayat da böyledir ya, vakitlere ayrılmıştır hayat da kısım kısımdır, kıvamı vardır!" deyip kepçeyi çıkardığı tuluğu, postlarla sıkıca sarmış; "sabır ile süt kaymak tutar, zaman ile tüm acılar kabuk bağlar" diye söylenmişti... Sıcak ile soğuğun arasındaki o ince kıvamda yürüyordu hayatın tüm telkari ilişkileri... İnce bir rabıta ile bağlıydı sıcak ile soğuk birbirine ve iklim, sadece havai bir şart değil, varoluşun özü ve esası gibiydi... Zaman; içinde hırsla yarışılan bir koşu yolu olmaktan çok, içinde yol alınan bir nehir gibiydi. Kayı kadınları hem çalışkan hem yiğit olmakla birlikte, kadere iman etmiş ve ona teslim olmuşluğun getirdiği güler yüzlü simalarıyla, hikmetle karşılamışlardı onu...

...

"Bizlere gezip gördüğünüz yerlerden anlatsanız" demişti Nilüfer Hatun Battuta'ya. Bunun üzerine Maldiv Adası'nda tanıdığı yaşlı bir dilencinin öyküsünü anlatmaya başladı genç Seyyah...

"Endülüs'ün İşbiliyye (Sevilla) kentinde Rumeykiyye isminde şair ve müzisyen bir cariye varmış. Efendisi İtimad Han, onu o kadar aziz tutar o kadar çok severmiş ki hiç yanından ayırmazmış. Bir gün İşbiliyye'deki büyük saraylarının önünde yağan yağmuru seyrederlerken, çamurların içinde bata çıka yürüyen fakir fukaraları görerek onların hallerine çok özenmiş Rumeykiyye. Efendisi İtimad Han'a bir gün bile gönlünce çamurlarda yalınayak gezemediğini şikayet edince, İtimad Han derhal adamlarına emir vermiş. Envai çeşit esans, bitki yaprağı, çiçek goncası ve tonlarca gül suyu ile üzerinden buhurlar tüten kızıl bir çamur serdirmiş kapısının önüne... Rümeykiyye, derhal yalınayak çıktığı bu güzel kokulu balçık üzerinde hem sevinçle dönüyor hem de İtimad Han'a yazdığı övgü dolu şiirlerini okuyormuş... Fakat gel zaman git zaman devir ve talih değişmiş... Komşu beyliklerin akınlarına karşı kendini müdafaa edemeyen İtimad Han, adamları ve Rumeykiyye'si ile birlikte esir düşmüş düşman eline. Bir bayram sabahı, tutsak oldukları kalenin içinde sessizce ağlaşırlarken; Rumeykiyye Efendisine "ben senden bir gün bile bir hayır göremedim" deyivermiş... Zaten Bayram sabahını nice gamlarla bükülü sırtıyla taşıyan İtimad Han; "Çamur Günü'nde bile mi?" diyerek sitem etmiş güzel cariyesine... Ardından da kahırdan canını teslim edivermiş Yaradanına... İşte Battuta'nın Maldiv Adası'nda tanıştığı ihtiyar dilenci kadın bu ünlü şaire ve muskişinas Rumeykiyye imiş. Dişleri dökülmüş ve etleri kurumuş bir kemik yığını halindeki bu kadın, hem geçen güzel günlerine yanar hem Endülüs hasretiyle ağlarken, ezberindeki on binlerce beyiti sokak sokak söyleyerek dilenirmiş... Nankörlük ettiği İtimad Han'dan sonra bir daha ne gün ne güneş yüzü gördüğünü anlatır ağlarmış Rumeykiyye..."

Battuta'nın hikayesi bittiğinde Hakan otağındaki cümle kadınlar, gözyaşlarına boğulmuştu...

Derken; Nilüfer Hatun, nankörlüğün dinen ve ahlaken gayet yerilen bir huy olduğunu, özellikle halk üzerine emir olan kişilerin alçakgönüllü kişiler olmaları gerektiğini ifade eden kısa bir konuşma ile geceyi sona erdirdi. Yine kibar teşrifatçıların eşliğinde Hakan Otağının güney ucundaki yan yana dizili koridorlar halinde düzenlenmiş, misafir çadırlarına buyur edildi Seyyah. Misafirhane, *Bacıyan-ı Rum*'un (ahilik tarikat ve terbiyesindeki kadınlara bu isim verilirdi) hizmet verdiği bir tür diplomatik konaklama mevkii olarak, temizliği ve intizamıyla o devirde rastlanmayacak bir iyilik ve hoşgörü şeklinde anlatılacaktı gezginin meşhur Seyahatnamesi'nde...

Gün boyu edindiği izlenimlerden sonra, demek ki; Nilüfer Hatun'un düğün gecesi kendi rızası hilafına kaçırıldığı hikayesi, tamamiyle bir uydurma ve kötü niyetli bir dedikoduymuş diye düşündü yatmadan önce Battuta... Ama yine de aklı bir türlü almıyordu; bu kadar kısa bir zamanda, Bizans kızı Olifera'nın nasıl olup da bir sular prensesi Nilüfer'e dönüştüğünü...

Bacılar'dan AynaGül ismindeki genç kız, sabah kahvaltısından sonra, Kızlar Dersliği'ne davetli olduğunu haber verince merakla yerinden doğruldu genç adam... Hakan Otağı'nın hemen güneydoğu istikametinde üst siyahi bir keçeyle genişletilmiş kare şeklinde dokuz direğin taşıdığı yüksekçe bir çadırdı *Bacıyan-ı Rum Derslikleri*...

Fatıma Melek Bacı isminde altmış- altmış beş yaşlarındaki bir hocahanım, çıktığı yüksekçe bir sedirden vaz ü nasihat edi-

yordu çadırdaki diğer kadınlara. Derslikde hemen her yaştan kadın, onu pür dikkat dinlerken, Nilüfer Hatun'un en ön sırada ve diğer talebelere nazaran yüksekçe ama hoca hanıma nispetle daha düşük bir seviyedeki bir oturak üzerinde ders yaptığını fark etti...

Fatıma Melek Bacı, gelen misafiri hafifçe başıyla selamladıktan sonra, dersine ara vermeden konuşmaya devam etti. Önce Fatiha suresinin tefsirini yaptı talebelerine, Rahman ve Rahim olan Rablerine şükran ile bitirdiler bu dersi. Ardından talebelere geçen ders ödev olarak verdiği üç hadisi şerifin ezberlenip ikmal edildiğini yoklamak mahiyetinde, kadınları tek tek ayağa kaldırarak sözlüye çekmekteydi. Her biri de kendine güvenen halleriyle cevaplıyorlardı suali... Demek ki güzel konuşmasını bu şekilde öğreniyorlar diye düşündü Battuta...

Daha da sonra bir tür görgü ve kültür dersi olan *"Meşahirunnisa"* (Meşhur Kadınlar) bahsine geçtiler. Ümame bintül Haris adlı bir kadının hayat hikayesiydi dinledikleri... Kızı Ünas'ı, Kinde Kralı Mirar ile evlendirdiği gün, kızına ettiği nasihati işleyeceklerdi derslerinde. Kocası kederliyken ferahlık duymak, kocası neşeli iken kederli olmak bir kadının asla yapmaması gereken işlerden olarak anlatılmaktaydı. Güleryüz, sevgi sözcükleri, teşekkür hisleri, temizlik, doğru sözlülük ve sevimlilik, kral kızı ya da kral eşi bile olsa tüm kadınlara verilen önemli vir nasihatti bu bahiste...

Dershaneden çıkarken, Battuta'nın dün gece yatmadan evvel kendisine sorduğu sorular da cevaplarını buluyordu bir bir... Olifera'dan Nilüfer'i çıkaran sanat, Bacıyan-ı Rum'un sanatı olsa gerek dedi genç adam...

...

Osmanlı'ya "mozaik" diyenler yanılıyorlar zannımca... Mozaik; balyozla paramparça edilmiş taşlardan kurulu bir sanattır. Kırdıkları taşları, zorla birbirine yapıştırır duvar ustaları...

Yan yana, sırt sırta ve ister istemez, rızaları dışında sıralanır nice kırık kalp... Hafızalarından, kendilerini bin parçaya bölen haşin balyozun, o derin ve vurucu sesi hiç silinmeden, zoraki yapıştırıldıkları yerde bekleşir dururlar... Mozaik dediğimiz şey bu yüzden ağlar... Hiç unutmadan ve acısını hep tekrarlayarak, öç yeminleri içinde matem tutarak ağlar...

İbn Battuta'nın yamacına ilişerek misafiri olduğu Nilüfer Hatun ise duvara bir zafer anısı gibi çakılmış kıymetli bir taştan çok, bir su yolcusu gibidir... Suyun içinde yol alarak, kendi rengini büyük Osmanlı 'Ebru'su içinde çoğaltan anaç renklerden...

Şayet imkanı olsaydı, Battuta Nilüfer Hatun'u, torunları olan İstanbul Fatih'i Mehmed Han'ın zarif ellerinde, Sanatkar Selim'in yay kaşlarında, Abdülhamid'in hüzünlü ve münzevi bakışlarında, bir kere daha tanıyabilirdi...

Ama o, arı duru bir suya bağlanmış, eflatunla mavi arası bir çiçekle konuştu: Nilüfer Hatun'la!

Bu ismi ona kayınbabası Osman Gazi Han vermiş.

Biz de aziz bir vasiyet gibi başımıza tac ettiğimiz bu ismi bugünkü kızlarımıza verirken, isimlerin sadece harfleri değil, bahtları da kuracağını bilerek niyet ederiz. İsmi Nilüfer olana; önce hidayet, ardından da mürüvvet gelir, bahtı açık bir isimdir...

Akıncıların askeri bir tertiple dağıttığı düğünden telli duvağıyla Kayı obasına gelin getirilen genç kadın için; "rızasıyla" geldiğini yazan da var; yok, *"hiç rızası olmadı, ahdetti de bir daha kimseyle konuşmadı, hatta oğullarıyla ölünceye kadara Rumca anlaştı"* diyenler de var...

Merak edenler, Sultan Hatun'un Bursa'daki Nilüfer Çayı üzerine yaptırdığı köprüsüne veya kurdurduğu Muradiye'deki imarete, kaplıcalara, türbelere, şadırvana gidip sorabilirler.

Köprünün orta yerine yakın, hafif yukarı doğru kalkan kaşından dinlesinler bu sorunun cevabını mesela... O köprüde, Osmanlı'nın ütopik aşklarından biri olan güzel Bursa'nın kalbi atar. Halen de Bursa'nın hayat suyu olan bu ırmağı, hilal bir kaş gibi tutan bu köprüdeki aşk ritimleri, asırlardır aynı dirençle konuşur... Hakikat; köprünün tün ağır yükünü çeken o ince belde midir yoksa asırlara meydan okuyan taşları kesen ustada mıdır sır? Yükü arttıkça incelen bel ile inceldikçe sonsuzluğa açılan sanat, aynı hakikatı işaret eder Nilüfer Hatun'un şahsında... Nilüfer Hatun inşa ettirdiği köprünün mizacındadır...

Köprü olmak kolay mı?

Köprü olan taşır, köprü olan aşırır, kavuşturur, refref olur... Köprü, öyle bir sevda menzilidir ki, gözünü daha doğdukları günden Rumeli'ye dikmiş Osmanoğlulları'nın rüyasına delalet eden en büyük imzasıdır bu hatunun...

Peki içinde halen yoksulların karın doyurup, yolcuların iftar açtığı imarethane?.. O nasıl anlatacaktır bu asırlık anneyi? Osmanlı'ya Murat Hüdavendigar gibi bir yiğidi hediye etmiş Nilüfer'i, belki de en iyi bu garipler evi anlatacaktır.

Amelin elifbasında ilk harf, yıkanmaktan geçer; gusulden, abdestten... Muradiye'de halen akarken Besmele getirip her kaynadığında yeniden ihtida eden hamamlardan ve şadırvanlardan da dinleyin *"Nilüfer Hatın'un rızası var mıydı, yok muydu?"* bahsini...

Bendeniz, bugün olmuş Muradiye'ye her baktığımda, halen aşkın mucizesiyle cennete dönüşmüş bir bahçeyi görüyorum... Büyük rüyanın fethedilen burçlarından bir burç olarak Nilüfer, İstanbul'un fethinin habercisi ve öncüsü gibidir...

Tarihçi Şeyhülislam Hoca Sadettin Efendi, kitabında, Nilüfer Hatun'un kayınbabası olan Osman Gazi'nin rüyasını, hattı zatında Osmanoğulları'nın nihai gailesini şöyle terennüm ediyor:

"Birdenbire ev sahibi Edebali'nin göğsünden bir hilal çıktı. Gittikçe büyüyen hilal, tam bir dolunay şeklini alınca gelip kendi koynuna girdi. Ondan sonra yanlarından bir ağaç belirdi. Bu ağaç dallanıp budaklanıyor, gittikçe güzellik ve yeşilliği artıyordu. Dalların gölgesi, üç kıta ufukların nihayetlerine kadar karaları ve denizleri kaplayıverdi. Kafkas, Atlas, Toros ve Balkanlar gibi dört büyük sıradağ silsilesi, bu yapraklar çadırının dört desteği gibi görünüyordu. Ağacın kökünden deniz gibi gemilerle örtülmüş Dicle, Fırat, Nil ve Tuna fışkırıyordu. Kırlar, ekinlerle çevrilmişti. Dağlar ise sık ormanlarla taçlanmış bulunuyordu. Bu dağlardan çıkan bereketli sular, gül bahçeleri ve servilikler arasında dolaşa dolaşa akıyordu. Uzaktan kubbeler, ehramlar, dikili taşlar, sütunlar, haşmetli kulelerle süslü şehirler görünüyordu. Bütün bunların zirvelerinde birer hilal parıldıyordu. Minarelerin şerefelerinden ezanlar, mü'minleri namaza çağırıyordu. Tam bu sırada hızla esen bir rüzgar çıkmıştı. Ağacın yapraklarını dünyanın bütün şehirleri üzerine, özellikle iki denizin birleştiği, iki karanın kucak açtığı, iki dünyayı çeviren bir halkanın en değerli taşı niteliğinde olan İstanbul'a doğru savuruyordu. Gazi bu yüzüğü parmağına takarken uyandı..."

Böylesine devletli bir rüyanın hayra yorulmuş sabahı gibidir Nilüfer Hatun...

Orhan Gazi, alperenler ve bahadırlar arasında yetişmiş bir bey olarak gözünü budaktan sakınmayan akıncı kişiliğiyle diğer kardeşlerinden daha cengaver çıkınca, Osman Gazi son nefesinde Beyliğini ona emanet etti; diğer kardeşlerden de biat aldı Orhan Bey için...

Orhan Bey, hem Karesioğulları gibi Türk beyliklerini, hem de Gelibolu'dan, Sakarya, İznik ve Bursa'ya kadar Bizans'ı, Osmanlı memleketi kılmaya azmediyordu.

1320 yılında Bizans İmparatoru III. Andronikos'un kızı 'Asporça Hatun'u eş olarak aldı. Ardından yerine geçen Kral Kantakuzen de kızı Thedora'yı Orhan Bey'e nikahladı. Aslında Bizans İmparatoru'nun gayesi, sadece Türklerin fütühat hızını bu akrabalık ile yavaşlatmaktı. Bu yüzden gizliden gizliye Papa'yla yazışıyor ve Bizans'ın kapılarına dayanmış bu rüya ehli mücahitlerden dert yanıyordu...

Lakin akrabalık ilişkisi, durdurmuyordu Türk akınlarını... Sadece her geçen gün, rüyalarına biraz daha inanmaya ve yakınlaşmaya başlıyordu genç akıncılar... Adronikos, damadının fetihlerini görerek ve kederler içinde öldüğünde yerine oğlu Yuannis geçecekti, henüz çocuk olduğu için, ona bir naip belirlemişlerdi: Kantekuzenos... El çabukluğuyla tahtı hemencecik ele geçiren yeni kral, yukarıda da bahsettiğimiz gibi, selefinin izinden giderek 1346 yılında kızı Thedora'yı Orhan Bey'e nikahladı.

Bizanslıların strateji gereği 'kız vererek' de olsa, Osmanlı fütühatını yavaşlatma atılımı, reel karşılığını asla bulamamıştır. Bizans'ın son zamanlarındaki çökmüş ve yozlaşmış siyasi yapısı, adaletten uzak idaresi ve soylular ile yoksullar arasında açılan bağdaşmaz eşitsizlik ve yoksulluk gibi sorunları dolayısıyla, zaten kendi tebası ile dahi başı hep dertte olmuştur.

Kalelerinde *"Kardinal külahı görmektense, Müslüman sarığı görmeyi yeğleyen"* bir halk, aslında ölmek üzere olan bir imparatorluğun son habercisi gibiydi.

Oryantalist Gibbons'un da açıkça ifade ettiği gibi; genç Osmanlı kurucuları için adaletle idare, İlayı Kelimetullah'ın ön şartıydı. Bu sebepten Osman Gazi'nin, oğlu Orhan Bey'e son nefesindeki vasiyeti, Rum memleketinde adaletle içtihat etmek fikri, Hoca Sadeddin'in divitinden şöyle dökülüyordu:

Dilerim ey sahib-i ikbal u câh.

Etme sen cânib-i zulme nigâh,

Adl ile bu âlemi âbad kıl,

Resm-i cihad ile bendeni sâd kıl,

Rah-i cihad içre edüb ictihad.

Memleket-i Rum'da kıl adl u dâd...

Böylece büyük *"Osmanlı Ebrusu"* içine, Orhan Bey kanalıyla, üç Bizans prensesinin renkleri de girmiş oldu... Ama hiç biri de Nilüfer Hatun gibi nam salamadı. Osmanlı kozasından ipek kanatlı bir kelebeğe dönüşerek çıkan Nilüfer Hatun, bu yüzden şaşırttı seyyahımız Battuta'yı.

Zira o, aşkla sevilen ve aşkla dönüşen, çoğalan, akan bir ilk göz ağrısıydı...

. . .

Balıkesir'den (Karesioğulları) her geçişimde, içimi kaplayan derin teessüre gelince; orada bir kral kızının olmayışının, talihsizlik olup olmadığını düşünürüm hep... Niçin mesela bir Türkmen –Karesi kızı değil de, niçin illâ Bizans kızları? Kendimi yerlerine koyduğum Türkmen kzıları adına hemen bir bahane bulurum sonra; "Zaten biz evin kızıydık!" derim, "Baştan beri, rüyası görülen değil, rüyayı bizzat görenler ve hayra çıkaranlardık..."

İki Kuma'lar:

Asporça Hatun ile Theodora (Maria)

"Siyaset mi Aşk mı?"

Yazıcızade Ali, Selçukname'sinde, Osmanoğulları'nın şeceresini yazarken, Bozok'ların 'Kayıboyu'ndan olduklarını zikreder... Kayı; kuvvet, iktidar sahibi manasına gelirmiş. Tarihçinin diviti, öyle şahitlik etmiş, öyle geçirmiş defterlere kaydını Osmanoğulları'nın...

Söğüt'te başlayan büyük Kayı yürüyüşü, yüzünü Batı'ya dönmüş haliyle, tüm Rumeli'de siyasal bir toparlanışı tetikliyordu. Bir taraftan Türk ve Müslüman birlikler Osmanoğlulları oymağı altında birleşirken, diğer taraftan Roma üzerinden tüm Hristiyan uluslar, kısa sürede dikkat çekici bir şekilde atağa geçen bu yeni hareketi takip etmekteydi. Kayıbey'lerinin tüm Rumeli'de kulaktan kulağa artan şöhreti, ister istemez Balkanlardaki Hıristiyan ittifakının da ilk temellerini atıyordu...

Osmanoğullarının coğrafi ve kültürel genişlemesini salt süvari birlikleri ve akıncı gücü üzerinden değerlendirmek, elbette bizlerin düşünce alanını daraltır... Sözgelimi süvari ve akıncı güce eşlik eden hatta onun da öncesinde ilerleyen İslami tebliğ ve misyon maksadlı ''eren" geleneği, belki de en az ordu gücü kadar önemlidir. Nitekim Şeyh Edebali gibi bir din büyüğü, Osman Bey'in ordusundan çok daha evvel gelmiştir bu topraklara... Nitekim Osmanlı'nın kuruluş macerasındaki ilk temel Edebali üzerinden Malhun Hatun'u ve ahi Evran'ı işaret eder.

Kuruluş ve gelişim safhasında önce Hakan'ların ardından Sultan'ların yapmış oldukları evlilikler de gelişgüzel tercihler olmayıp, devlet ebed-müdded geleneğinin çerçevesinde düşünülmüş stratejik evliliklerdir.

Tesadüf müdür Osmanoğullarındaki Bizans gelinleri, Macar kadınları, Bulgar kızları? Her biri de belli ki o büyük fütühat ülküsünün eflatuni bir süsüdür ve fakat siyasal anlam ve içerikten asla boş değildir...

Osmanoğullarının 2. Bey'i Orhan Gazi'nin nikahındaki; bir tekfur kızı (Nilüfer Hatun) ile iki kral kızı (Asporça Hatun ile Theodora Maria) eşliğinde düşünecek olursak, kadın sultanların üzerinden takip edilen, devlet kurma ve devlet olma stratejileri hakkında daha belirgin bir fikrimiz olacaktır...

Ve; "Siyaset mi Aşk mı?" diye çarpıcı bir sual düşerse kalbinize... Ey okuyanlar, biliniz ki, kadınların da devletlerin de marifeti; iltifata göre işler...

Aşk iltifatıyla sevilmiş Olifera'yı Nilüfer Hatun kılan tarih yazıcıları, mesela aynı Orhan Bey'in kadınlarından Theodora'ya gelince, onu bir türlü çiçek kılamamışlardır. Üstelik Theodora, makam mevki olarak tekfur kızı Nilüfer'den, elbette katbekat yüksektedir, zira kendisi Bizans Kral'ı Kantakuzen'in kızıdır.

Ama ne kral! Genç Osmanlı akıncılarının fütühatını engellemek veya hiç olmazsa yavaşlatmak adına her yola başvurur Kantakuzen... Bölgedeki yeni ve dinamik güç olan Osmanoğullarıyla iyi bir geçim tesis edebilmek için, kızı Theodora'yı, 1346 yılı Mayıs ayında Silivri'de tertip edilen dillere destan bir törenle Orhan Bey'le evlendirir. Theodora, Orhan Bey ile evli olduğu sürece, babasının kraliyet ilişkilerini de sürekli takip eder, babasıyla sürekli haberleşir. Bu evlenmeden doğan şehzade Halil'in veliahd olması için Theodora Hanım, epey manevi baskılara, siyasi planlara başvursa da, kader yazıldığı gibi işleyecektir... Baba Kantakuzen'le kızı arasındaki şifreli yazışmalar hep devam eder...

Kantakuzen, kızını gelin vererek bir ölçüde iyi münasebetlerle yavaşlattığını düşündüğü Osmanlı gazilerinden bu evliliğe dair müspet karşılığı hemen bulmuştur. Aynı dönmelerde Selanik'e göz diken Sırp kralı Stefan Duşan'ın karşısına yalnız çıkmayacaktır Kral Kantakuzen. Yanlarında 20 bin kişilik bir ordu ve küçük bir donanma ile yeni dünürleri Osmanoğulları da Stefan Duşan'a karşı kahramanca savaşacaklardır...

Gelin Hanımın babası, Sırplara karşı Bizans tarafında yer alan Kayı Ordusuna hediye olarak Çimpe Kalesi'ni verir... Çimpe Kalesi, Maveraünnehir'den bu yana gözünü hep Batı'ya çevirmiş Osmanoğulları için Rumeli ve Avrupa'ya atlama taşı olacaktır adeta... Bundan sadece iki yıl sonraysa Kayılar, Gelibolu'yu fethederler.

Baba- kız arasındaki mektuplaşmalarda gelen haberler, Kral Kantakuzen'i her seferinde derin düşüncelere salmaktadır. Derhal kızı Theodora aracılığıyla Orhan Bey'den görüşme talep eder Kantakuzen... Ve fakat hanımının bu ısrarlarını büyük bir dirayetle geri çeviren Gazi Bey, hastalığını ileri sürerek, kayınpederinin görüşme talebini reddeder. Akabinde: 'Çimpe Kalesi'ni bir hediye olması hasebiyle seve seve derhal kendilerine iade edebileceğini, ama Gelibolu'nun şehit kanlarıyla fethedilmiş bir vatan olarak asla geri verilmeyeceğini, bunun dinen ve örf ve buyruk gereği de caiz olmayacağını' yazdırır nişancısına...

Theodora, Orhan Bey'in nikahındaki tek kral kızı değildir. Ondan önce Asporça Hatun da benzer siyasi sebeplerle adeta bir sus payı veya hediye olarak verilmiştir. Kayı Hakan'ının nikahına...

Ama her birinin yeri ayrıdır tarihçilerin ve muhtemeldir ki Orhan Gazi'nin yanında...

Nilüfer Hatun söz gelimi; bugün dahi yaşamaktadır Bursa'nın gözü kalbi hükmünde... Sıra Asporça ve Theodora'ya gelince ise durum farklıdır... Mesela; Osmanoğullarına Şehzade İbrahim ve Fatma Hatun adında iki de evlat bahşeden Asporça Hatun, Theodora'dan önceki eş olarak, Türk tarihçilerin nezdinde ve doğu divitlerinde hep "hatun" olarak müspet ifadesini bulmuştur. Ama ya Theodora? O ne bir çiçek ne de hatun olarak anılmayacaktır ne yazık ki...

Bir de kadın köşesinden bakalım işe...

Peki müstakbel ve potansiyel düşman eline gelin gitmek, ne demektir, nasıl bir şeydir? Babanıza rahat huzur yüzü vermemiş, dadınızdan ve annenizden korkulu masallar ve söylentiler eşliğinde dinlediğiniz bir hayaletle evlenmek nasıl bir duygudur? Babanızla ağabeyinizin kabuslarına giren bir adamın koynuna girmek ne demektir? Basit sorular değil bunlar. Ve devletler tarihinde önemsenmeyecek sorular... Zira tarih ve kader, bizi geçiştirmek için işleyip dururlar adeta, onlar bu soruları hiç işitmezler, yürütürler hükümlerini yazıldığınca... Ama hangi milletten ve dinden olursa olsun kral kızları metanetli olur, dirayetli olur... Hayatta kalmaları ve devleti-nesli devam ettirmeleri beklenir onlardan ana arılar gibi...

Hem ne yapsın Asporça Hatun?

Babası Bizans Kralı Andronikos'un o dillere destan, asırlık ama ihtiyarlamış imparotorluğunu akın ve hücumlarla rahat bırakmayan Kayılara yüz görümlüğü ve barış çiçeği olarak sunulmuştur... Dünya tarihini adeta kendi tarihi etrafında döndüren kudretli Doğu Roma'nın son çırpınışlarından bir nefestir Asporça.

Mahzundur, kederlidir elbette ... Daha en baştan pay olduğunu bilmek, aşka dair bütün ihtimalleri solduran, başı öne eğdiren, boyun büktüren bir hal olsa gerek... Ama nafile, taş kalpli yazıcıların hiç biri de bahsetmez bu yalnızlıklardan, dirençsizliklerden, kırılganlıklardan...

Gerdek gecesi Hatun tacını takan kadın, bir daha hiç ağlayamaz... Soyu sopu ne ise, rengi ruhsarı, cinsi meşrebi ne ise hiç fark etmez, onun görevi kutlu devlet ağacının dallarından yeni yapraklar açtırmaktır... Başka değil...

Padişah buyruğunun altında elbette ki boyun korkusuyla divit sallayan yazıcılar, her şeye rağmen bir rumuz, bir perdah bırakmak isterler geleceğin okuyucularına. Bendeniz Yazıcızade Ali'yi de böyle okudum efendim. Niçin Asporça'ya Hatun dedi de, sıra Theodora'ya gelince parentez açıp, Maria diye not düştü mesela? Elbette birini hatun, diğerini sonsuza kadar maria kılacak bir sebebi vardı ünlü tarihçinin...

Efendim yine biraz dedikodu olacak ama nasılsa bendenizin boynu padişah buyruğundan azade olduğu için, bir de; hanım kişi olmanın verdiği gıybete mütemayil istidat dolayısıyla anlatalım: Bu Arporça Hatunumuzun, Yuannes namında bir küçük kardeşi vardır. Babaları Kral Andronikos, Türk fütühatlarının kahrına dayanamayarak vefat ettiği sıralarda, on bir yaşlarındadır ve tahta geçer. Tabii tahtın kayyumlarından kuzen ve prens Kantakuzen hemen bir yolunu bularak bu çocuk veliahtı derhal kaçırtır ve yerine geçer. Yuannes yani Asporça'nın kardeşi ve gerçek Bizans kralı, yıllarca Bozcaada'da sürgün ve mahpus olarak yaşar. Bu arada zeki Kantakuzen, Osmanoğulla-rıyla iyi ilişkiler adına kızı Theodora'yı, Asporça'nın üstüne, Orhan Bey'e gelin verir...

İki kuma; iki Bizans prensesi...

Biri kaderine teslim olmuş, kalbi Bozcaada'da mahpus kardeşinde takılı... Diğeri dünyayı yönetmeyi seven akıllı bir kadın, gözü her daim tahtta ve mühürde... Her fırsatta süsleyip püsleyip kelimelerini, kocası Hakan'ın kulağına akıtmakta. Ama civa gibi kudretli bir metaneti var Orhan Bey'in, ana ata duası almış da şahdamarına işlemiyor bu zehirli sözler, intikam hevesleri... Ve başı önde sessiz tarih işçileri işaretlerle anlatmaya çalışıyorlar meramlarını... Theodora'ya asla "hatun" demeyerek...

Diğer kuma Asporça Hatun ise, Bizans tarihçisi Dukas'ın da aktardığına göre, Türk Sultanları geleneğini takiben, halkın istifadesine sunulmuş pek çok bina ve eserler yaptırmıştır. Hatta Bursa Sicillerinden öğrendiğimize göre; 1323 yılında kurduğu vakfiyesinde oğlu Şehzade İbrahim'i mütevelli olarak tayin etmiştir. Hayır hasenatları ile halkın sevdiği bir kadındır...

Bu arada Asporça Hatun'u sevindiren bir haber gelir Ege sularından... Bozcaada'ya hapsedilen kardeşi Yuannes, Venedikliler tarafından kurtarılmış ve İstanbul'a geri dönmüştür. Onun İstanbul'a dönmesi, yeniden tahta geçmesi anlamındadır. Gaspedilen tac, hakiki sahibinin başına konacaktır en sonunda...

İki kuma'dan birine gülerken diğerine hep ağlamak yazılmış...

Theodora ve babası siyasetlerinde mağlup olmuşlardır, artık kendisi için her şeyin bittiğini düşünen Kantakuzen, kendisini bir manastıra kapatır ve ölünceye kadar değil kapı dışına çıkmak, penceresini bile açmaz gün ışığına. Kızı ise ıstıraplı bir yemin gibidir; keskin ve istikrarlı... Babası aracılığıyla tatmin edemediği riyaset hislerini, oğlu Şehzade Halil üzerinden devam ettirmek ister, biraz Orhan Gazi tarafından sevildiğinintutulduğunun bilgisiyle, biraz da rakibi Asporça Hatun'un sessiz, mahzun halinden aldığı güçle...

Bir türlü veliaht tayin ettiremediği oğlunun, İzmit Körfezi'nde seyreden Osmanlı donanmasından, korsanlarca kaçırılması da cabası... Foça'dan kalkarak İzmit'te yol kesen işgüzar ve eşkıya Ceneviz korsanları, Şehzade Halil'i kaçırırlar.(1359) Theodora yastadır.

İki 'kuma'nın kaderleri ikizler gibi biçilmiş! Yeni Bizans kralı genç Yuannes derhal devreye girer, zaten Türklerle iyi münasebetler kurmayı da istemektedir... Cenevizlerle anlaşır ve Şehzade'yi İzmit'te, bizzat kendi elleriyle Orhan Gazi'ye teslim eder.

Bu tavır, Türk-Bizans ilişkileri açısından yeni bir sayfa anlamındadır, Osmanlıların Rumeli'deki varlığı kabul edilmiştir...

Şimdi en başta sorduğumuz soruya geri dönersek; "Siyaset mi Aşk mı?" diye yinelersek, ey okuyucu ya sen ne dersin bu işe? Bana kalırsa: "Doğrusunu Allah bilir" derim... Her kesin boynunun titrediği bir padişah var ise, benimkisi de O'dur derim.

Rubaiden Devlete :

Devlet Şah Hatun ile Hundi Kız

RUBAİ de devlet gibidir, hatta: rubai, devlettir.

Bugün bütün Doğu'ları tutan ve ışıtan bir güneş gibiyse Mevlana Celaleddin-i Rumi, bunu elbette mısranın ve dilin sanatçıya sağladığı nihayetsiz imkana borçludur.

Yıldırım Bayezid-i Osmanlı Hakanı kılan kader, bu hakimiyeti perçinleme vazifesini ise, Hazreti Mevlana'nın torunu Devlet Şah Hatun'a müyesser kılmış idi.

Yıldırım ile Devlet Şah'ın nikahı, mühür ile mısranın nikahı hükmündedir ki, bundan sonra dil ve edebiyat, sultanın kılavuzu ve askeri haline gelecektir. Binlerce cevelan askeriyle Roma'nın surlarına akın eden Yıldırım'a, eşi Devlet Şah üzerinden gelen Mevlevi himmeti gibidir bu nikah... Artık Mevlana'nın harfleri ve mısraları da birer Osmanlı akıncısı olarak Kayı Ordusu'na dahil olmuştur...

Yıldırım Beyazıt'a, gökten bir haber, bir şiir gibi düşer Devlet Şah Hatun... Zira, güneşi (Şems), yedi göklerden yere çeken bir Sevgililer Sultanı'nın (Mevlana) küçük torunudur Devlet Şah...

Devlet Hatun, baba tarafından Dulkadiroğulları'ndandır. Dulkadiroğlu Süleyman Şah'ın kızıdır. Annesi Mutahhara Hutun, Mevlana Celaleddin-i Rumi'nin torunu, Sultan Veled'in kızıdır.

Tarihçi Aşıkpaşa'nın anlatımına göre; 1378 yılında, dillere destan bir düğünle evlenir gençler... Etraflarındaki cümle beyler de katılır, karışır bu düğün alayına. Eski adetler üzre, çatılan Türkmen çadırlarında, erenlerin duaları, ozanların deyişlerine karışır... Konya'dan kalkıp gelen Mevlevi dervişler, düğünü bir aşk alayına çevirirler. Beyler genç çifte hediye verme yarışına kalkışınca, kız babası Süleyman Şah, çeyiz olarak Kütahya, Eğrigöz ve Simav şehirlerinin anahtarlarını asar damadının boynuna... Gediz, Aslanapa, Tavşanlı, Sazanos, Kavak ve Kalınviran da gelin hanıma kardeşleri, yeğenleri tarafından çeyiz olarak bağışlanan beldelerdendir...

Devlet Şah Hanım, yetiştiği ince terbiye ve yüksek sanatların arasından; çelik bilekli, fütühatçı, akıncı ruhlu insanların arasına gelin gelmiştir. Bendeniz bunu daha çok mavi ile yeşilin çarpışmasına benzetiyorum. Mavinin bir zıpkın ve fedai gibi hep ileriye fırlayan, taşkın ve hakim haline karşın, yeşilin dingin ve derin sükuneti dolunca birbirinin içine, turkuaz perdahları doğuyor 'aşk'ın...

Yeşil ile mavi, birbirine saplanıyorlar. Aşkın ve şiirin ateşi, cihad ve fütühatın gözlerine oturunca, Beyazıt'ın ismi Yıldırım oluyor. O, artık bir yıldırım gibi çakmalı, sırtında sevgilisi Devlet Şah'ın ve Mesnevi'nin kanatları, toynaklarında Oğuz'un bitip tükenmez arzuları...

Devlet Şah ile Yıldırım...

Gök ve yer...

Ateş ile barut...

İki kutuptan bir devlet...

Heyecanlı bir serüven gibi sultanların izini sürmek: Kimisi Pir'lerin kızı, kimisi Kralların... Ama elbette Şairler Padişahı'nın, Sözler Sultanı ve Aşıklar Kutbu'nun kızı olmak apayrı bir şey olsa gerek.

Osmanlı'yı cihanşümul bir medeniyet haline taşıyacak kutlu bir veraset gibidir bu evlilik... Siyasi açıdan bakacak olursak; Mevlana üzerinden, önce 'söz'ün, ardından da harflerin iktidarıdır devşirilen... Devlet Şah'ın nikah merasimi, Osmanoğulları'nın Mesnevi ve Mevlana aracılığı ile tüm doğulara yapacağı bir birlik çağrısı gibidir...

Osmanoğulları'nın genç ve akıncı yapısı, Mevlana'nın tüm Maveraünnehir ve bütün Doğu'lar için tartışma götürmez dil hakanlığıyla izdivaç eylemiştir. Batı'ların istikbalini tutan Osmanoğulları, Doğu'ların mektubunu taşıyan Mevlana ile muhkemleştirmiştir kendini.

Mesela o güne kadar akın ve fetihle göz dolduran Osmanlı geleneği, 'Yıldırım-Devlet Şah' nikahından itibaren yeni tecrübeler ışığında, medeni ve yerleşik nizamını da kurmaya başlar. Obadan devlete, otağdan saraya yürüyüşün ilk adımı olarak; Enderun bu dönemde açılır. Sanat ve zihniyet kurumlaşması anlamındadır bu... Enderun; bir yüksek saltanatlar ve bilgiler okulu olarak, Osmanlı mektepleşmesinin temelidir ki; Mevlana tedrisatının bir tecrübe olarak devlete intikal etmiş şeklidir. Devlet Şah Hatun'un, Osmanlı'nın, kuruluştan gelişime yürüyen serüveninde, önemli bir merhale olması da bu yüzdendir.

...

"Tatlı sudan daha berrak ve temiz bir aşkım var. Bu aşk oyunu elbette bana helaldir. Başkalarının sevgisi halden hale döner,

ama benim aşkıma ve sevgilime zeval yoktur." (Mevlana, Rubailerden)

Tabii "aşk" mevzili bir anneden doğan kız evlat olarak Hundi Hatun da Yıldırım Beyazıt için bir müjde ve baht açıklığı manasındadır... Edebiyata ve darbımesellerle konu olacak öyle latifeli haller açar ki babası Yıldırım Beyazıt Han'ın başına sormayın..

O sıralarda Bursa'ya, Buhara'dan yeni gelmiş olan genç dervişlerden Emir Sultan da karışınca işin içine, aşk ve hikmet kolkola gezinir hikayelerinde...

Her şey bir sabah durup dururken Hundi Hatun'un rüyasında Sevgili Efendimiz'i (s.a.v) görmesiyle başlar. Efendimiz (s.a.v) Sultan kızına Emir Buhari namında bir dervişle evlenmesini tavsiye eder. Uyandığı zaman rüyasının tesiriyle yüzüne al basmış Hundi Kız, hicabından meseleyi hemen validesine açamaz elbette; ama bir haller olmuş, gün boyu susup önüne bakmıştır genç prenses...

Öteki gece, aynı rüya yinelenince, gece yarısı kaldırdığı dadısına anlatır gördüğü düşü heyecanla Hundi Kız... ''Ah dadıcığım, başıma gelenleri hiç sormayınız..." diye anlatmaya başlar...

Dadı, güngörmüş bir kadındır. Güvendiği adamlarını piyasaya salarak, haber toplatmakta bulur çareyi ertesi sabah... Adamlar, bursa'da köşe bucak Buhara'dan gelmiş genç dervişi sorup soruşturmaya başlarlar. İçlerinden birisi, Emir Sultan namındaki genç dervişin izini hemencecik buluverir. Genç ve sevilen veli, etrafına talebelerini toplamış tam bu esnada; "Bizim Hundi Hatun'la nikahımız göklerde kıyılmıştır, iş dünyadaki akide gelip çatmıştır" diye anlatmaktadır...

Kapı açılınca Saray görevlisi içeri buyu edilir, adam Hundi

Hatun'dan getirdiği bohçayı uzatıverir meclise... Emir Sultan'ın pervaneleri hayretle kendilerinden geçerler bu iş karşısında. Emir Buhari yeni geldiği Bursa'da henüz elinde avucunda Prenseslere layık bir karşılığı olamayacak derecede gariptir. Besmele çekerek, getirilen bohçayı açıp içindeki mendili çıkarır. Ortada yanmakta olan mangaldan tuttuğu közleri, yine Besmele ile mendilin arasına koyar. Emir, yollar haberciyi gerisin geriye...

Dadı, Hundi Kız'a hemen yetişen bu haberden pek mesrur bir şekilde mendili açınca, üstünden daha dumanı kalkmamış közlerin, bir anda elmasa döndüğünü görerek, tekbir getirir: ''Allahu Ekber!...''

Derken mesele Valide Sultan'a aktarılır, valide dudak büker önce; kimdir bu genç derviş diye, üstelik Yıldırım Beyazıt Han da, henüz Rumeli seferindeyken, bu ne cürettir?

...

"*Aşka gönül verirsem karşılığında can alırım. Her ne verirsem, onun bin katını alırım. Hele zülfünün çevganını bir elime geçirsem, bütün cihanın topunu meydandan kaldırırım...*" (Mevlana, Rubailerden)

Valide Sultan ne kadar gönülsüzce olmaz dese de kızı Hundi Hanım, yüzünü hiç görmediği halde aşık olduğu bu genç erenin sevdasıyla günden güne erimektedir...

Tabii haber, bir dedikodu olarak, taa seferdeki Yıldırım'ın kulağına kadar gider ve bu konularda pek asabi, pek titiz bir baba olan Yıldırım, hiddetlenir... Kimdir kızının adını menkıbelerle dile düşüren bu genç adam? Canına mı susamıştır haddini bilmez Buharalı?

İşte müstakbel damadına çok kızgın olduğu o gecelerden birinde, Macarlarla yaptıkları şiddetli çatışmada pazularından ciddi bir yara almıştır koca Yıldırım... Muharebe o kadar şedid devam etmektedir ki tarihçilerin anlattığına göre, yaralılar çadırlardan taşmakta ve onlarla alakadar olacak bir tek hekim dahi bulunamamaktadır...

O arada şimdiye kadar hiç tanımadıkları genç bir hekim peydah olur otağın içinde. Hiç konuşmayan ama sürekli tebessüm eden haliyle Sultan'ın yaralarına merhemler sürer genç hekim...

Bir ara Sultan; "Neredensün ey?" diye sorunca, delikanlı mütebessim bir hal ile; "Buhara" diye cevap verir ve kalabalığa karışır.

Gece vakti, yaralarının sızısı nispeten iyileşen Hakan, giyinmek üzere adamlarından gömleğini ister ama bir de ne görsün? Genç hekimin, yaralarını tedavi ettikten sonra pazularına bağladığı sargı, eşi Devlet Şah Hatun'un nişanlıyken kendisine yolladığı mendil değil midir?

Hemen meseleyi anlar...

Anlar anlamasına da ok yaydan çıkmış, iki gün kadar evvel Emir Sultan'ın ölümüne ferman kesilmiştir bile... Yıldırım'ın içini bir pişmanlık tutar, sevgili kızının mahçup gözleri gelir aklına ama ne çare; Süleyman Paşa emrindeki kırk kişilik kuvvet, Emir Sultan'ın katline dair yola düzülmüştür bile...

Tabii demire emir işler mi?

Emir Sultan ki gördüğü Hz. Ali rüyasıyla yola çıktığı Rum diyarında, erenler emriyle Bursa'da mukim kalmış bir ledün deryasıdır, onun da kuvvetleri, askerleri mevcuttur...

Aşıkların halleri, ihtiyar bilge Molla Fenari'ye malum olduğundan, o da yola çıkmış ve katliamı durdurmak için Bursa'ya varmıştır. Hemen Süleyman Paşa'yı ve atlıları durdurur. O büyük zat, kılıçlara karşı vaz ü nasihat ederken; Yıldırım Han'ın yeni yola çıkardığı ulakları da yetişerek, gençlerin affedildiklerine dair beratı oradakilere okurlar...

Hundi Hatun çok sevdiği Emir Sultan'ına böyle kavuşur...

Tanrı onları öldüklerinde de ayırmaz. Bir aşk hatırası olarak kocasına yaptırdığı türbenin içine onu da yatırırlar vakti geldiğinde...

Şimdi Bursa'ya yolunuz düştüğünde, Emir Sultan'ın türbesine vardığınızda, sizi enfes kokularıyla baştan çıkartan güllere hiç sormayınız nedendir diye? Çünkü burada aşkın padişahları yatmaktadır.

Şefaatleri bütün sevenlerin üstünde halen titrer. Hâlâ nişanlılar ve sevdiğine kavuşamayanlar gelir de burada ağlar, bu iki sevgiliyi kendilerine şahit tutar... Burada kömürü elmasa çeviren yüksek bir aşkın hikayesi yatmaktadır...

Sekiz Cennet'in Sultanı :

Hüma Hatun

FATİH Sultan Mehmet Han'ın annesi Hüma Hatun'u okurken hep şunu sordum kendime: "Tarihin sesi var mıdır ve bir kadın, niçin susar?"

Bir kadın susuyorsa şayet, her şeyden evvel dikkat kesilmek elzemdir; Hüma Sultan'dan bunu öğrendim efendim…

Gerçi ağaçlar da konuşmaz, buğday taneleri ve atlar da… Ama konuşmayan kişi kadınsa şayet, üç vakte kadar sebebini er geç öğreneceğiniz bellidir; ve lakin siz siz olun adımınızı temkinli atın derim… Sükût; bir iş üzere olmak anlamındadır kadınlar sözlüğünde, çünkü kadın kısmı üzerinde durup titrediği işe, bütün ruhunu akıtır.

Sevgili Efendimiz (sav), kendisine selam verenlere, sadece başı veya ima yoluyla cevap vermezmiş. Tüm vücudu ve ruhuyla sese doğru yönelir, tebessüm ederek karşılık verirmiş… Kadın kısmı da, susuyorsa şayet, işte bütün vücudu ve ruhuyla dönerek akıtır kendini sessizliğin içine…

Bazı kadınlar, konuşmadıkları halde çağıldayarak cevap verirler hayata ve zamana. İsa Peygamber'in annesi de böyledir... Kendisini idamla yargılayan reislere karşı "susma orucu" tutar... Toplumun kadir bilmez vefasızlığına karşı bir gönül koyuştur bu susma, kelimeleri reddeden bir savunma türüdür onunki... Biçare İseviler, korktuklarında veya üzüldüklerinde çıkardıkları istavrozun aslında büyük bir gönül koyuş ve sessizliğe kaçış olduğunu bilmezler... Susmuştur Meryem, kendisine kötüce yaklaşan ve hoyratça değen hayata küs tutmuştur. Sadece elleri konuşur; önce omuzlarındaki melekleri işaret eder, ardından alnına koyar sağ elini ve iç geçirir: Sağ ve sol omzundaki melekler, onun sessiz şahididir ki; karnında taşıdığı bu babasız çocuk (İsa) onun alnının yazgısıdır... Dünyanın en dramatik ve en kısa pantomimi gibi duran istavrozun altında, böylesi bir sükûnet kararı gizlidir işte... Bilin ki: Bir kadın susuyorsa, birazdan hayatı konuşturmak üzeredir.

...

Bendeniz de çok dolandım durdum Hüma Hatun'un etrafında... İstanbul Fatih'i Sultan Mehmet Han annesi Hüma Sultan ile, gözlerini yere indirmiş ve sükût eylemiş hayaliyle, epey bir hasbıhal eyledim: ''Ey büyük hatun efendi, biz ahir zaman divanelerine sırlarınızdan bir küçük perde dahi açmaz mısınız?" diye çok sızlandım durdum... Ama nafile...

Delişmen sözlerim ve haddi aşan suallerim, her seferinde Bursa'daki Hatuniye Türbesi'nden, İstanbul surlarına doğru savruldu gitti, geri çarptı ve durdu... Bir med-cezir gibi, iki Osmanlı başkenti arasında gel'dim git'tim, Bursa'dan İstanbul'a, İstanbul'dan Bursa'ya... Hüma Hatun, çaresiz bir ahir zaman okuyucusu olarak kendisine dair yöneltiğim suallerimi ve beni, her defasında İstanbul'un surlarına fırlatıyordu... Derken, bu adeta yeminli suskunluğa ve gönül kırıklığına kulak vermek geldi aklıma... Onun sessizliğini dinlemeye karar verdim, sustuğu halde konuşan kadının işaretlerine baktım... İçimdeki gürültüleri kesip, bir kokunun peşine düştüm... Susan kadının, ellerinden yükselen bir kokuyu takip ettim...

Kına...

Kokusu burnumu sızlatan şey; birazdan güvey gerdeğine girmek üzere olan gencecik bir gelinin avucuna vurulmuş kınanın ta kendisiydi... Ne gariptir ki, gelin avucundaki kınanın bahtı, yeşilden kızıla dönmekle karar bulur... Gecenin ortasında gelinin avucunu açan güvey, o avuçta kendi bahtını görecektir aslında. Yakılırken yeşil, yıkanırken kızıldır kına... Biraz dere diplerine, biraz yosuna, biraz papatyaya, biraz beşiğe, biraz koyun postuna, biraz duvağa, biraz gözyaşına, biraz gurbete, biraz gitmeye, hatta biraz tabuta benzer kokusu...

Biz doğunun kadınları üç şeyi kınalarız efendim: Gelini, askeri ve kurbanlık koçu... Üçü de gelin edilmiştir aslında, üçü de kurban, üçü de neferdir özünde... İşte Hüma Hatun da, susuyorsa bu yüzdendir: II. Murad'a hem gelin, hem kurban, hem nefer edilmiştir avuçlarına kınanın vurulduğu gecenin sabahında...

Hüma Hatun derken, öz ismi hakkında bile tartışmalar olan bir kadından söz ediyoruz aslında... Tarihçi Peçevi; aslen Ester Stella idi diyor Hüma Hatun için. Üstad Berki ve Danişmend ise; Hüma Hatun'un aslında İsfendiyaroğulları'ndan Hatice Halime Sultan olduğunu aktarmışlar. Tarihe baktığınızda yazıcıların aktardıkları üzerinden okuyabiliyorsunuz onu, her kafadan bir ses! Tarih, sanki dipsiz bir kuyuya taş atmaktan ibaret... Taşı attıktan sonraysa, ne çıkarsa bahtınıza. Ama söz konusu Cihanlar Sultanı Mehmed Han'ın annesiyse hele, attığınız taşın asla menzile ulaşamayacağını baştan kabullenin bir kere...

Topkapı Sarayı Arşivi'nde 8361 numara ile kayıtlı vakfiyede, baş tarafta Fatih Sultan Mehmed Han'ın tuğrası, alt sağ tarafta Ali Bin Yusuf el-Fenari, alt sol tarafta ise Anadolu Kazaskeri Ali bin Şeyh Ahmet bin Mehmet şerhi (imzası) vardır ki; vakıf senedinde Mehmet Han'ın annesi için "Hatun binti Abdullah" ibaresi geçmektedir. (...ala türbeti ümmillati sare durretu tacunnisa, filalemin ve gurreti cebhetilislam vel müslimin meliketül melikat... Hatun binti Abdullah...)

Söz Hüma Hatun'dan açılmışken, "Binti Abdullah" bahsine niçin gelip de çattık efendim? İster Yeniçeri Ocak kayıtlarında, ister vakfiye senetlerinde, veya kadı sicillerinde, hatta sengi kabir üstünde olsun, her kim ki kaydı Abdullah, Abdurrahman, Abdurrahim, Abdülmuin gibi bir künyeden aktarılır; bu durum ve işaret, bahsi geçen kişinin yüksek ihtimalle devşirme olduğuna veya sonradan ihtida ederek İslama giriş yaptığına karinedir...

Hüma Hatun deyince, kimi korsanlar tarafından kaçırılan Esthella isimli Venedikli bir kızdır diye yazar defterine, kimiyse Esther isminde bir Fransız prensesi diye titredir divitini... Diğer bir kısmı ise binlerce kere teessüfler ederek hayır derler, Müslüman bir Türk Beyinin kızıydı Hüma...

Kim ne derse desin, halen Bursa'nın Hatuniye Mahallesi sakinlerince dahi Hüma Ana denilen bu kutlu sultan, asırlardır gönüllere bu ismiyle taht kurmuştur.

Hüma, güvercine benzeyen bir masal kuşu. Yemyeşil zümrütten kanatlarını açıp, zebercetten gözleriyle hedef aldığı kişinin başına konduğunda, onun hayatını değiştiriveren bir güvercin... Konduğu başa, devlet getiren, zenginlik, baht açıklığı ve yükseklik ihsan eden Anka Kuşu...

Bununla birlikte, biz sonradan gelenlerin bir türlü bitmeyen patırtısı arasında, susmaya ve susturulmaya mahkum edilmiş bir kadın portresi de çiziyor Hüma Hatun...

Dedikoducu tarihçiler ve geniş boğazlı politikacılar ne derse desin... Nikah, iman gibidir; oyunu, şakası, ricası olmaz. Hele ki Padişah nikahının gölgesinde duruyorsa bir kadın, siz onun konuşmasına değil, sadece sessizliğine bile baksanız kafidir; zira, Hüma Hatun sussa, Ayasofya'nın kubbesi cümle alfabeleri allak bullak etmeye yetecek kabiliyettedir... Çağ açıp çağ kapayan, Bizansı tarihe gömen, İstanbul'un fethiyle garbın kalbine bir hançer gibi saplanan Fatih Sultan Mehmet Han'ın annesidir Hüma Hatun...

"*İmtisal-i cahidu fillah edipdür niyetüm /*

Din-i İslamın mücerred gayretüdür gayretüm." Diyen bir Padişahın annesi.

Hem de ikiler padişahı'nın annesi... İki kere tahta çıkmış bir Padişah, iki devletin imparatoru, iki çağın hakanı, iki kıtanın kralı, iki cihanın işaret ettiği şehrin sultanı...

Kısmi sulh gerekçesiyle tahtı henüz çocuk yaştaki evladına terk etmiş babasını; "padişah sen isen, tahtına geç ve ülkeyi idare et; yok eğer padişah ben isem emrediyorum tahtına var ve memleketi ihsan eyle" diyen vakarla; devleti, ebediyet müddeti üzerine inşa eden kurucu düşüncenin sahibidir Fatih Sultan...

Yalnızca Devleti Osmani'nin değil, Bizans'ın da Doğu Roma olarak Osmanlı'ya intikal eden verasetinin sahibidir, hem Doğu'nun hem Batı'nın Hakanı'dır... Dünya kronolojisini eğriltерek bir çağı kapatıp, diğerini kuran yüksek irade olarak çift çağların hakimidir...

Hem Asya'nın hem Avrupa'nın Hakanı olarak da iki batı ve iki doğunun kabul ettiği bir ulu hakan... Dünya fanilerinin Cihan Cenneti dediği İstanbul'u, Ahiret erenlerininse "Kostantiniyye bir gün fethedilecektir, ne mutlu o kumandana ki..." diyerek Peygamber (s.a.v) hadisiyle övdüğü, iki kere takdis edilmiş kutlu kentin Fatih'idir... Hüma Hatun'un oğludur... Hüma Binti Abdullah'ın evladıdır...

Babası Murat Han, bir gün ısrarla konuşmasını bölen küçük yavruya; uslu durmasını ikaz eder biraz da sesini yükselten bir edayla. Ak sakallı derviş Akşemseddin dayanamaz küçüğün tedip edilişine: *"peder ne der, kader ne der..."* diye itiraz eder.

Hakikatte de bu böyledir: Pederinin künyesi Abdullah olan Hüma Hatun'un evladı, aradan geçen beş asra yakın zamandır, Doğu Roma'nın boynuna astığı kelime-i tevhidle yad ediliyor... Allah'ın işine akıl sır ermez. Kelime-i Şehadet, anlar içinde anlar doğururarak, hayatın ve kaderin anası oluverir. Bir çöl yetimine Kainatın Efendisi dedirten Kadir-i Mutlak Allah, künyesi Abdullah olan bir anadan Fatih Sultan'ı çıkartır...

Kadının susmasından korkun diye boşa demedik.

Bugün dahi bütün kederli susturulmuşluğuna rağmen Ayasofya'nın yumulmuş avuçlarında Hüma Hatun'un "şehadet" kınası vuruludur. Siz siz olun Ayasofya'nın tuttuğu susma orucuna da kanmayın... Konuşması yasakken bile bu kadar heybetle direnen başka bir burç gördünüz mü siz? Hali hazırda Doğu-Batı hudutlarını avuçlarında tutan bir suskunluktur Ayasofya'nın ki... Sultan Fatih gibi, mührü olan Ayasofya'sı da çift kutupludur; bir yüzü Kudüs'e diğeri Beytullah'a açılan mahzun mabet... Sen susarken bile konuşuyorsun!

Bizanslı edip Skholarios, Sur Kentinin yokoluşunu günlüğüne şöyle not etmiş:

"Gidişata bakılırsa, son yakındır... Dünyanın sonu. Ve, bütün dünyanın değilse bile, en azından bizim milletimizin son nefesini vermekte olduğunu söylemek zorundayız. Tabii ki, eğer Tanrı, esirgeyen elini uzatmazsa bize."

Bendeniz; Rahmeti Rahman'ın esirgeyen elinin Konstaniyye'ye Fatih Sultan Mehmet Han aracılığıyla değerek, şehri ihtida eylediğini düşünüyorum. Şehir, Hüma Hatun'un oğlu ile hidayete ve adalete ermiştir. Hidayet ve adalet ise, bizim inancımızda son değil beka'dır, sonsuzluktur...

Taşköprülüzade, Şakayık adlı eserinin yedinci tabakasında, Fatih devri bilgin ve sanatkarlarını anlatırken, Skholarios'a da cevap vermektedir adeta... Allahın esirgeyen eli, âlim ve sanatkarlar ile yetiştirmiştir kendini İstanbul'un bahtına...

Sekiz Cennet'ler olarak bilinen ilk üniversite Sahn Seman; Fatih Camiinin hemen bahçesine inşa edilir... Başta, Akşemseddin, Ali Kuşçu, Molla Hüsrev, Molla Zeyrek, Molla Fenari gibi dehalar; Sinan Paşa gibi müderrisler; İdris-i Bitlis, Hızır Çelebi, Gennadios gibi ilahiyatçı ve düşünürler; Ancona'lı Cyriacus, Gorgios Amirutzes gibi arkeologlar ve teoglar; şairler, edipler; hattat ve ressamlar, matematikçi, astrolog, coğrafyacı ve müzisyenlerle devrinin bütün dehalarını bir yıldızlar atlası gibi çevresinde toplar Fatih'in Sekiz Cennet'i...

Sultan Fatih'in kendisi de yedi lisan bilir, hattattır ve Avni mahlası ile kaleme aldığı bir divanı vardır... Askeri mühendisliği fevkaladedir. İcatcı ve yeniliğe açık zihniyle, mükemmel bir akıncı hatta infilakçıdır...

Bugün Londra National Gallery'nin duvarlarında asılı Gentile Bellini imzalı portresi bile Fatih'in sanatseverliğine en büyük delildir...

Aynı asırda insanların Engizisyon Mahkemelerinde yakılarak ölüme yollandığı Batı dünyasının, koloniyal toplayıcılığı ile Doğu'nun çoğu kez umarsızlık gibi duran toleranslı (kalender) ve rızaya dayalı serbestisi arasında, dağlar kadar fark olduğu apaçık ortada...

O sükût halindeki resim, niçin Londra duvarlarında hiç düşündünüz mü?

Susan bir kadın sultan, sükût eden bir Ayasofya ve sessizce asılı olduğu duvarlardan bize bakan bir resim... Siz onların sustuğuna bakmayın, sükûnet; hazırlık halinde olmak demektir. En iyisi siz siz olun: hazır olun!

"Sevdün ol dilberi söz eslemedün vay gönül
Eyledün kendözüni aleme rüsvay gönül
Sana cevr eylemede kılmaz o pervay gönül
Cevre sabr eylemezsün nideyin hay gönül
Gönül ey vay gönül vay gönül ey vay gönül
Taliun yüzi gülüb olmadı handan nideyin
Yüregün derdine bulunmadı derman nideyin
Kasduna yar çeker hancer-i bürran nideyin
Virsersün bu gam ü mihnet ile can nideyin
Gönül ey vay gönül vay gönül ey vay gönül..."

(Avni , Fatih Mehmed Han)

Kahire'nin Çiçeği:

Çiçek Sultan

KEDERLE baktı Kahire'deki kasrın penceresinden Çiçek Hatun... "Eyvah!" dedi iç geçirirken, "ne yer, ne yâr..."

Gözüne bir virane gibi görünüyor dünyanın en uzun saçlı nehri... "Ahh, Nil..." diye sesleniyor ona içinden... O anda karşılıklı oturup içlerini birbirine döken iki kız kardeş gibiler Nile Nehri ile Çiçek Hatun... İkisinin de gözü yaşlı. İkisi de sevmiş, ikisi de kaybetmiş, ikisi de yaralı, ikisinden de hasret akıyor...

Aheste aheste kayan nehre bakarak okuyor şiirini Çiçek Hatun:

"Ey Nil Nehri, Musa'yı annesine taşıyan sırtların,
Benim yavrumu da alıp getirse bana,
Bir haber yok mudur ciğerparemden?
Ayrılık fermanını yazan kader,
Hiç mi vazgeçmeyecek bizi ağlatmaktan?"

Vakit akşam ezanına yakın... İstanbul'daki Sultan tarafından sürgündeki padişah ailesini gözetmekle görevlendirilmiş

Muhafızbaşı Süleyman Bey, kapıyı adeti olduğu üzre üç kere çalıyor. Yine adetidir ki; gün batımına ramak kala çıkar gelir. Kasrın girişindeki geniş çift kanatlı kapıyı, elindeki sedef kakmalı sedir asa ile tam üç defa çalar... Her seferinde yüreği yukarılardan aşağı düşermiş gibi çarpıntılarla dolar Çiçek Hatun'un. Aslında gazabı ile namlıdır Muhafızbaşı Süleyman Bey. Zaten İstanbul'daki Sultan da onu adeta bir tür sürgün hafiyesi olarak yollamıştı başlarına.

Bir haber? Ama ne haber? Süleyman Bey'in her gelişi, Çiçek Hatun'un sürgündeki oğlu Cem'den gelmesini beklediği bir haberi sordurtur yaşlı kadına. Belki bu sefer der içinden, bu sefer oğlumdan bir haber getirmiştir Süleyman Ağa...

Üç yıldır Kahire'de Çiçek Sultan.

Gelini ve iki torunu, birkaç sadık adamı ile, oğlu Cem'in ardından burada kalakalmışlardı. Sultan, gerçi elçiler göndererek Edirne'ye geri dönmelerine dair bir emanname çıkartmıştı çıkartmasına ama, bunca dökülen kan ve bunca çekilen muhacirlil çilesinden sonra, göze alamaz Çiçek Kadın Kahire'den Edirne'ye gitmeyi...

Zaten, gelini de nicedir hasta. ''Karasevda'dandır" dediler geçenlerde hatme havecegana gelen Arabi kadınlar. Kan tükürmeye başladıktan sonra, çehresi de iyice soldu, vah tazeye! ''Eğer hak vaki olur da o da giderse, ne yaparım ben bu yad ellerde iki küçük kuzuyla diye düşünüyor Çiçek kadın...

Muhafızbaşı Süleyman Bey'in ''tak... tak... tak"ları bile, geçen zaman içinde huy değiştirmiş gibi geliyor yaşlı kadına. Hatta gazabıyla ünlü bu hafiye, için için acımaya bile başlamış olabilir sürgündeki bu hanedan ailesine...

İşte yine kapıcılarla selamlaşıyor, ''Büyükahanım'ın bir emri var mı?" diye soruyor Türkçe... Sonra Arapça konuşuyorlar aralarında; on beş güne kalmaz ,İskenderiye Limanı'na yanaşacak bir gemiden söz ediyorlar, hanımın siparişlerini okuyorlar aşağıdaki hizmetkarlar... Birden Arapçayı keserek, tekrar Türkçe'ye dönüyor Muhafızbaşı, sesini yukarı katta kendilerini dinlediğini bildiği Çiçek Hatun'a duyurmak ister gibi manidar bir şekilde ekliyor tok sesiyle: '' Şehzade'mizden bir mektup gelecek olursa, onu da getiririz Büyük Hanım'a..."

Ahh... Diye yüreği kakılıyor Çiçek Anne'nin... Yedi yıldır yüzünü görmedi evladı Cem'in. Oysa daha dün gibi babası cihan şahı Mehmet Han'ın onu kucağında tutup sevdiği güzel günler...

Bir gün uzak diyarlardan birinden bir arslan yavrusu getirmişti elçiler de, koca padişahın yüreği acımıştı... Küçük Cem'i derhal dadılarıyla huzura getirtmiş, ona anasından ayrılmış küçük arslanın şiirini okumuştu... Cem, bir çocuk olmasına rağmen şimdiye kadar hiç görmediği bu hayvanı hemencecik kucağına alınca da... ''İşte benim arslan şehzadem" demişti koca Hünkar... Hayvanlar aleminin şahı ile hemencecik arkadaş olan oğluna, ''Şah'ım" demeye başlamıştı o günden sonra Sultan...

Cem'i en iyi biniciler, en yaman kılınç ustaları hazırlamıştı bugünlere... Babası Sultan Fatih'in emriyle beş yaşından itibaren özel bir eğitime tabi tutulmuştu. Kastamonu Beylerbeyliğine gönderildiğinde henüz dokuz yaşındaydı. Eğitimi ve görgüsü burada da devam edecekti. 1474'te henüz on beş yaşındayken Şehzade Mustafa'nın ölümüyle boşalan Karaman Valiliğine atanmıştı. Konya'da en iyi öğretmenler, edip ve kibar beyler arasında yetişmesi devam ediyordu Cem'in...

Karaman; Cem'in kaderi gibiydi adeta.

Tarihi boyunca Osmanoğullarına asla tam anlamıyla ram olmayan ve baş'lık iddiasından hiçbir zaman vazgeçmeyen bu Türk ili, Cem'in ruh dünyasını da şekillendiriyordu... Karaman; itiraz, rekabet ve onur demekti...

Karaman halkı da Cem'i bağrına basmıştı. Konya'da ve Larende'de yaptırttığı saraylar, bedesten ve çarşılarla, şehri imar etmiş, Şikâri Tarihi'nin deyimiyle *"zulmü ref'edip adalet baş gösterdiğinden halk yurtlarına geri dönmüş idi..."*

Çiçek Hatun da gelini Server Hanım'ın loğusalığı bahanesiyle Payitahttan aldığı müsaadeyle, bir Ramazan-ı Şerif'i Konya'da geçirmişti. Oğuz Han adını koydukları torunuyla İstanbul'a dönerken, Bursa'da da iki gün eğleşmişlerdi. Sultan Fatih, torunu için büyük merasimler tertip etmiş, tam bir hafta Kur'anlar okunmuş, bağışlar dağıtılmıştı Bursa sokaklarında... Bunlar bahtın açık, talihin parlk gittiği günlerdi...

Çiçek Sultan hemencecik kavrayamamıştı etraflarında halka halka örülen hased yumaklarını. Padişah'ın, varisleri arasından Şehzade Cem'i, yaşı ufak olmasına rağmen, büyük ağabeyi Bayezid'e karşı tutuyor oluşu, saray erkanının gözünden kaçmıyordu elbette... Halbuki çıkarttığı Kanunname ile, şahlık verasetini büyük evladlara nasbetmişti Hükümdar. Az cana mı kıyılmamıştı bu yüzden? Daha kundağında nice şehzade, devlet ebed müdded telakkisi çerçevesinde, kaderleri kabul edilen şehadet cellatlarına yolculanmamış mıydı? Böyle diyordu devrin Şeyhül İslamları; kaderdir, şehadettir... Devletin başta durması için, nice başlar feda edilmişti...

Gelin görün ki mukadderatın garip ironisi, Fatih Sultan Han'a, bizzat kendi emriyle yazdırttığı bu kanunname üzerinden ilahi bir karşılık verir gibiydi... Han'ın gözü; küçük, cesur ve atak şehzadedeyken, saray adamları ve kanun, büyük şehzadeyi işaret ediyordu...

"Ahh... Efendim, bizi bırakıp gittiniz!" dedi Çiçek Hatun. Fatih Sultan'ın beklenmedik ve ani ölümü, sanki gündüzü olmayan geceleri başlatmıştı Şehzade Cem ve ailesi için...

"Çiçek, Şah'ı nasıl taşısın?" derdi Padişah keyifliyken...

"Kahire'de sürgündedir Çiçeğiniz efendim... Ahh Arslanınız, Şah'ınız, kafir ellerinde zindan kulelerinde mahpustur Cem'iniz" diye sayıkladı yaşlı kadın... Penceresinden seyrettiği Nil, kah siyah saçlı bir kadın, kah zümrüt gözlü bir nedime gibi sessizce dinliyordu onu... Çiçek Hatun'un dilini bir türlü anlamadığı halde, onu sadakatle dinleyen iyi yürekli bir Arap'tı Nil...

"Bir gün..." dedi Çiçek Hatun... "Yani ben, henüz Saray'a yeni girdiğim zamanlar, böyle senin gibi dil bilmezin biriyken..." dedi Nil nehrine... Bahçede ağaçların altında arkadaşlarımla satranç oynarken, kalfamız yaşlı Mıhcane Hatun nefes nefese yanımıza vararak, "Hünkar geliyor Hünkar geliyor" diye bizi toparlamaz mı? Halbuki Hünkar'ın adeti değildir kadınların arasından geçmek, Sultan kısmı, yüzünü göstermez. Herkesin devleti değildir Hünkarın nazarına nail olmak... Efendim ne diyordum diye konuşmasına devam ediyor Nil nehri ile:

Herkes şaşkınlıkla kendisini apar topar düzeltirken, ben de tam olarak anlayamamakla birlikte hemen önümdeki satranç tahtasını katlamaya koyuldum. Kehribardan yontulmuş taşları kadife torbasına doldururken, Hünkar tam önümüzde belirmez mi? Şaşkınlıktan elim ayağıma dolandı da taşların olduğu kadife kese elimden yuvarlanıverdi... Sarı kehribar taşlardan biri yuvarlanarak Hünkarın ayağına değmez mi? Bir yaprak gibi titriyordum korkudan. Henüz Türkçem çok iyi değildi... Hünkar bir ayağına değen taşa bir de benim gibi beceriksiz yeni kıza baktı. Ben hemen secdeye kapanır gibi dizlerimin üstüne çöktüm. Başım henüz açıktı, Hünkarın nazarı değer değmez üzerime, Mihcane Kalfa nereden bulduysa şeffaf eflatun bir tülü başımdan aşağı attı. Sultan, adamlarıyla anlamadığım bir şeyler konuştuktan sonra, hala dizleri üzerinde titreyen bana doğru uzandı... Eğildi ve *"Çiçek"* dedi...

Geldiği gibi hızla çıktı bahçe yolundan. Hünkar, gittikten sonra cümle kadınları Saray'ın, başıma toparlandı, herkes sevinç ve telaş içinde, neşeyle konuşuyordu... ben ne olduğunu tam olarak anlayamamıştım ama o günden itibaren benim yetişmem için ayrı bir önem verdi herkes... Yaşlı bir üstad – Molla İbrahim Ağa- bana on beş gün içinde Türkçeyi öğretmekle görevlendirilmiş. Ondan sonraki kırk günde İslam Dinini öğrendiğim Molla Hafize Anne'nin o latif sesi ise hâlâ kulaklarımda.

Şaban ayının son üç gününe girdiğimizde, hocaları eşliğinde hatim indiren saray kadınlarının arasındaydım inanabiliyor musun ve adım Çiçek'ti artık...

Ramazan'ın üçüncü günü gecesi, huzura davet edildiğimde bir yaprak gibi titriyordum. Mıhcane Kalfa, en güzel kokularla süsleyip beni Efendimize hazırlamıştı. Ama ben yine de kendimden emin değildim... Odanın kapısı açılır açılmaz, dizlerim heyecanla yanmaya başladı, kendimi ayakta tutamadım ve derhal dizlerimin üstüne çöktüm. Sultan, kendisinden beklenmeyen bir zerafetle ellerimden tutup, beni ayağa kaldırdığında, hala onun yüzüne bakacak cesaretim yoktu... Başımı yerden kadıramıyordum.

Çenemden tutup, gözlerimi tam gözlerine denk getirerek: ''Sizi çok çalıştırmışlar belli!" dedi. ''Bundan sonra dizlerinizin üstüne çökmek yok" dediğindeyse bunun emir mi iltifat mı olduğunu kestiremiyordum.

"Bir İslam kadını ve Padişah eşi, asla diz çökmez, bunu unutmayınız..." Sonra da avucumu açtı. Kendinden hiç beklenmeyen bir iltifatla avucuma, beni ilk kez gördüğü yerde ayağına kadar yuvarlanıp gelmiş satranç taşımı koyuverdi. Avucumdaki sarı kehribar taşa baktım: ''Şah!" dedim...

''Bir daha Şah'ı asla düşürmeyin!" dedi. O anda ve ondan sonraki bütün anlarda, kalbim sadece ama sadece ona bağlandı... Ona aşık olmuştum, her anımı aşkla yaşadım.

...

Çiçek Sultan, tüm bunları Nil Nehrine anlatıyordu... Mutlu günler su gibi akıp gitmiş, koca Sultan Fatih'in vefatından sonra gölgeliksiz kalıvermişlerdi.

Fatih Sultan Han vefat ettiğinde, oğlu Cem Sultan Karaman'ın, ağabeyi Beyazıt Han ise Amasya'nın valisi idiler. Fatih'in veziri azamı Karamani Mehmet Paşa, Cem Sultan'a mektup yazarak onu derhal İstanbul'a çağırtmayı planladı. Fakat Beyazıt'ın damadı olan Anadolu Beylerbeyi Sinan Paşa, mektubu taşıyan haberciyi yakalattı ve idam etti. Yeniçerileri de, Cem Sultan'ı tutan Karamani Paşa'ya karşı kışkırttı. Yeniçeriler, Fatih Kanunnamesindeki elkaba rağmen, Karamani'yi de canice katlettiler. Halbuki Fatih Sultan tarafından kaleme aldırılan şehzadelere dair elkab şöyleydi:

"Ferzend-i ercümend-i es'ad ve emced varis-i mülk-i Süleyman nur-i hadeka-i sultani tac-i rusü'us Selatin... Oğlum Cem edamallahu bekahu..."

Cem Sultan, kanunnamedeki namına yazılı şerhe rağmen, politik entrikalarla haklarının çiğnenerek ağabeyine verilmesine razı gelmedi. Konya'dan kaldırdığı ordusuyla Bursa'ya vardı. Burada ağabeyinin ordusunu yenilgiye uğrattı. Şehirde kendi adına para bastırıp, hutbe okuttu...

Cem bu arada ağabeyine Rumeli kısmında hükümdar kalması şartıyla Anadolu kısmındaki kendi hakimiyetine rıza göstermesini teklif olarak getirdi. Ağabeyi bunu kabul etmedi. Beyazıt, Cem'in yakını olan bazı beyleri rüşvet ve mevki teklifi ile kandırarak, onun Karaman'a değil de Yenişehir'e yönelmesini sağladı. Burada, Beyazıt tarafına geçen kendi adamları ve askerleri tarafından yenilgiye uğratılan Cem için, artık kötü günler başlıyordu...

Önce Konya'ya sığındılar. Annesi Çiçek Hatun, karısı, iki kızı ve Murat adındaki oğluyla göç yolunu tutmuşlardı. Sonra, Konya'dan Suriye'ye geçmeye karar verdiler. Adana'da fikir değiştirerek, Memluk Sultanı'na haber gönderdiler. Onun hüsnü kabülüyle Cem, Mısır'da bir hükümdar gibi karşılandı... Burada kuvvetlenince, ağabeyi kendisine Kudüs Şehzadeliğini teklif etti. Bu sefer de o kabul etmedi.

Annesini ve karısını Kahire'de bırakarak önce Rodos'a gitti. Cem Sultan'ın Rodos'a çıkmış olması, Batı Hristiyan dünyasını fevkalade heyecanlandırdı. Ağabeyi Beyazıt'ın Rodos'a saldıracağı korkusuyla, onu derhal Fransa'ya geçirdiler. Rodos Şövalyeleri, Fransa Kralı ve Papalık arasında sürekli stratejik bir sürgün konumu koruyan Cem, halen dahi Zizim (Cem) Kulesi olarak bilinen bir tür zindanda tam iki yıl kimseyle görüştürülmeden mahpus tutulmuştur... On iki yıl boyunca vatana hasret, bir sürgünden diğerine sürülmüştür şehzade Cem...

Çiçek Sultan, gelininin yan odadan gelen acıklı öksürük nöbeti içine bata bata, sol yüzük parmağındaki Sultan hatırası, son elması da parmaklarından çıkarttı.

Muhafızbaşı Süleymen Bey'in, ''Efendimiz, oğlunuzdan değildir, Rodos Şövalyeleri size oğlunuzun ağzından mektuplar yazıp servetinizi eritmekteler, kanmayınız." ihtarlarına rağmen, son elması da çıkardı parmağından... Onbeş güne kadar İskenderiye'ye yanaşacak Ceneviz gemisinden Cem'e ait olmadığını elbette bildiği mektubun cevabı olarak göndereceği son yüzük...

Gurbet, bütün ağırlığıyla çökerttiği çiçeğe nasıl da kötü davranıyordu. Dilini bilmediği Araplara baktı. Yoldan geçiyorlar, birazdan evlerine varacaklar, ailelerine kavuşup, sofralarına oturacaklar... Kendisi ise evsiz, oğulsuz, Şah'sız... Şah'ını kaybetmiş bir Sultan...

İç geçirerek arkadaşı Nil'e döndü yeniden ve Türkçe olarak fısıldadı: *"Çiçek, Şah'ı nasıl taşısın?"*...

Nil Nehri, bu Sultan Kadından dinlediği nice sırrı, hiç kimseye açmadan hâlâ bin bir kederle akıyor akıyor...

Batının Güneşi Endülüs'ün Son Emiresi :

Aişe Sultan

- I -

EL-BEYZAYN'ın çifte beyaz kulelerinin üstüne henüz güneş doğmamıştı ki Fehime Zehra uyandı. Saraydan gelen davet mi, emir mi olduğu belirsiz çağrının tedirginliğiyle ağabeyini uyandırdı. "Kader" dedi genç adam, kardeşi Fehime'ye sarıldı...

Siraç Beyleri'nin eski zamanlarında onurla oturduğu Beyzayn Mahallesi epeydir hareketliydi. Aileden neredeyse kimse kalmamıştı. O menhus olaydan sonra Siraçların bir kısmı Portekiz'e, bir kısmı Kurtuba'ya sürülmüş; ihtiyar kadınlardan diğer bazıları ise Gırnata'da mukim kalmışlardı...

Fehime ve Hamit kardeşler, Gırnata Emiresi Sultan Aişe'nin talimatıyla, geçen hafta Kurtuba'dan kalkıp gelmişler; uzak kuzenlerinden lütufkar bir aileye misafir olmuşlardı. Gerçi "o menhus olay"ın üzerinden uzun yıllar geçmiş olmasına rağmen, tüm Siraçlar'a has o eski ve karşılıksız aşkın ağır bedeli bu kardeşleri de titretiyordu. Misafirperver akrabaları kardeşlerin taşıdığı isimleri duyar duymaz secdeye kapanmış ve "Rabbimiz bizi korusun" diye dua etmişti.

Zira Kurtuba'dan çağırılan gençlerin isimleri, uzun yıllar önce kanı akıtılmış o zavallı aşıklarla aynı isimlerdi...

El-Hamra ile El-Beyzayn, birbirlerine bakan biri kızıl diğeri ak kuleleriyle; örtbas edildiği halde, sessizce devam eden kan davasıyla şimdi barışmak zorundaydı...

Eski Hamra Sultanlarından Fehime'nin akılları baştan alan güzelliğine vurulmuş, bahtsız Siraç Prenslerinden şair Hamit Bey'in yazgısı hâlâ hafızalardaydı... Prens Hamit, karşılıksız ve umutsuz aşkına dair yazdığı beyitleriyle Melik'in güzel eşi Fehime Sultan'ın ismini, dillere düşürmüştü. Ardından da Gırnata Meliki bu münasebetsiz meseleyi halletmek için Siraçlar'ı huzura çağırtmış, şereflerine verilen şöleni müteakip oracıkta boyunlarını vurduruvermişti...

Prens Hamit'in, Siraç sülalesinin başına açtığı o eski zaman belası unutulmuş değildi elbette... Siraçlar'ın kesilen başlarıyla dedikodular susturulmuş, kalanlar sürülmüş, kadınlar ve ihtiyarlardan çok azının şehirde ikamet etmelerine izin verilmişti.

Herkesin bilip de bilmezlikten geldiği bu eski hikaye, Emire Aişe'nin talimatıyla Kurtuba'dan getirtilmiş sürgün kardeşler yüzünden, işte tekrardan hatırlanmıştı. Üstelik, ilahi cilve olsa gerek kardeşlerin isimleri, eski ve bahtsız aşkın kahramanlarını taşıyordu El Hamra'ya... Siraçlar korkmakta haklıydılar...

Fehime Zehra ve ağabeyi, Kurtuba'da yetişmiş olmanın farklı üstünlüğüyle pek aldırmadılar Gırnata'nın bu çürümüş dedikodularına...

Alkazar yakınlarında bir kervansarayı işleten babalarının yanında, Ifrikiye'den kalkıp gelmiş kervanlardan eski memleketlerinin hikayelerini dinleyerek büyümüşlerdi. Kumandan Tarık'ın geri dönmemeye yemin ederek gemilerini yakıp da çıktığı İber Yarımadası'nda, eski yurtları Afrika ile olan tek bağlantılarıydı bu kervanlar...

Bazen Catalayud'dan Kurtuba borsasına giyim ve seramik taşıyan katarlarda yaşlı tayfalar da gelirdi... Zehra, en çok bu ihtiyarların anlattığı deniz masallarını dinlemeyi severdi... Deniz nasıl şeydi acaba? Yahudi gezginlerden dinlediği kadarıyla Vadial Kebir (Guadalakivir) nehrine benzetirdi hayalindeki denizi... Bu düşüncesini Seyyah Meymun'a anlattığında ihtiyarı epey güldürmüş, bilge Yahudi de bu meraklı Müslüman kızına uzak denizlere dair bazı haritalar, çizimler hediye etmişti.

Ağabeyi Hamit ise, küçük yaştan beri kılıç eğitimi aldığından en çok Tuleytula (Toledo) katarlarının yolunu gözlerdi. Tuleytula bıçak ve kılıçlarıyla ünlü bir kent olarak, cesur ve asil Siraçlar'ın eski savaşçı günlerini hatırlatırdı sürgün aileye... Babaları, niçin sürüldükleri hakkında hiç konuşmazdı; ama her Siraç doğduğu günden itibaren lanetlenmiş eski bir aşkın esiri olduğunu bilirdi.

Kervansaraya konaklamak üzere Belensiye'den (Valencia) gelen tüccarlar, Zehra'nın hatırını kırmaz bu sevimli genç kıza Endülüs'ün dünyaca meşhur kimyahanelerinden türlü esanslar hediye ederlerdi. Belensiye aynı zamanda kağıt ve parşömen demekti Kurtuba için... Kağıt yapma sanatında dünya birincisi olan Endülüs, önce Fransa ardından İtalya'ya da öğretilen ince tekniklerle, Avrupa'nın bilim ve düşünce ufkunu, sözden yazıya taşıyan büyük bir medeniyetti.

İbni Rüşd'ün kadılık, İbni Hazm'ın bir ara vezirlik yaptığı, kütüphaneleriyle ünlü bir şehirdi Kurtuba. Sadece bir kütüphanesinde 600 bin eserin bulunduğu edebiyat ve ilim alanında zirve kentin baht sahibi çocuklarıydı onlar... Kurtuba; kendisine bağlı 21 varoşu, 500 camii, 70 halk kütüphanesi, 300 hamam, 13 bin dokumacısı, senede 60 bin kitabın yazıldığı ve kilometrece uzunluğundaki kaldırımlı ve ışıklı yollarıyla o dönemde Avrupa'nın en büyük metropolüydü.

Zehra'nın kendisinden sadece on ay büyük ağabeyi Hamit,

üstün zekası ile genç yaşta meşhur Kurtuba Kütüphanesinin yazı memurlarından biri olarak, kağıt tacirlerinin pek makbul gördüğü bir adamdı. Tacirler, paha biçilmez kıymetteki ipekli kağıtlarını, parşömenlerini, ceylan derilerini hat üstadı eşrafa, daha ucuz ama pamuk ve kendirden yapılma kağıtlarını ise seyyah ve bilginlere satabilmek için, Hamit'i aracı tutarlar; onu ve kız kardeşini memnun ederlerdi.

Hem Zehra hem Hamit, bu tüccar ve seyyah kalabalığının arasında büyüdüklerinden, Kurtuba'nın bilime ve sanata kıymet veren münbit zemininde yeşeren iki nadide gül gibiydi... Her ikisi de Arapça, Farsça, İspanyolca yazıp okurlar, denizcilerin konuştuğu o karmakarışık ve komik Akdeniz dilini kısmen anlarlardı. Matematik, astronomi, rüya ilmi gibi konularsa, elbette bir talih değil sıradan bir bilgi gibiydi Kurtubalılar nazarında.

Zehra ve Hamit, büyük annelerine, her Cuma öğleden sonrası İbni Hayyan'ın talebelerinden tefsir dersi dinlemeye dair söz verdikleri için, Cuma günleri iki kere yıkanmayı adet edinmişlerdi çocukluklarından beri. Kurtubalılar temizlikleriyle nam salmıştı tüm Endülüs'e. Kurtubalılar için; "kazandıkları ilk altını muhakkak hamama, ancak ikincisini ekmeğe verirler" deyip gülerlerdi seyyahlar onların bu hallerine.

İbni Hayan ekolünü takip eden hafız ve müfessirler aynı zamanda kuvvetli birer dil bilimcisiydi, münazaracı ahlakları ve sivri muhalif kişilikleriyle Kurtuba emirlerinin çekindiği kişilerdi. En çok da İşbiliye'den (Sevilla) gelen Batıni meşrep üstadlara taarruz eder, hemen "Kurtuba mı, İşbiliyye mi" tartışmasını başlatıp şöyle deyiverirlerdi:

"Bir adam ölse kütüphanesini ve kitaplarını satmak için hemen Kurtuba'ya getirirler, ama aynı adamın terekesindeki saz, zil ve def cinsinden melun eşyasını doğru İşbiliyye pazarına savuşturmak elzemdir..."

Ardından kahkahalar atılır, sonra da İşbiliyye'den kalkıp gelmiş Batıni üstadların gönüllerini almak için ziyafetler tertip edilir; yatsı namazından sonra ise akıl ehlinin pek de hazzetmeyerek katlandığı irşad ayinleri seyredilirdi. Kurtuba'ya akıl, İşbiliyye'ye nefs hakimken, işte böylesi bir doğurgan hasılanın tam ortasında boy atan iki çocuktu Zehra ile Hamit...

Ta ki... Gırnata Emiresinden haber gelinceye kadar... Giderek azimleşen Katolik yeminlerle Endülüs'ü bir ateş gibi kuşatan İspanyol tehdidinden pek de haberleri olmadan veya bunu yeterince ciddiye almadan bugünlere gelmişlerdi Siraçlar...

Medeniyetin zirvesinde adeta yüksek bir sarhoşluğu yaşayan Endülüs Müslümanları, üzerlerine sinmiş olan rehaveti asla kabul etmediler. Peyderpey ellerinden çıkan Kumandan Tarık'ın hatırasını, büyük bir hicranla seyreden Gırnata Emiresi Aişe Sultan gibi, kalbi uyanıklar ise bu yıkılışa çareler aramaktaydı.

Aragon Kralı Ferdinand ile Kastilya Prensesi İzabel'in yaptığı siyasi-dini evlilik ve akabinde derhal kurulan Engizisyon Mahkemeleri ve ilan edilen reconquista (İspanya'nın Müslümanlar'dan arındırılması) kararı, İber Yarımadası'ndaki bütün Musevi ve Müslümanlar için ciddi bir tehditti.

Müslümanlar'ın akıncı gücü Türkler'in, 1453'de Doğu Roma'yı ve İstanbul'u fethetmeleri; bütün Avrupa Hıristiyanlar'ını İspanya üzerinden mukabil bir püskürtme hareketine sevkediyordu.

Doğu'sunu kaybeden Roma, hiç olmazsa Batı ucunu Müslümanlar'dan kurtarmak; hatta mümkünse dayandığı denizler duvarını (okyanusu) aşarak kendisine yeni dünyalar keşfetmek gayretindeydi. Kraliçe İzabel, her ihtimale karşılık Portekiz üzerinden Atlas Okyanusu'na açılacak gözü pek maceraperest denizciler arıyordu.

İşte tam bu tarihi kırılma noktasında, Gırnata Emiresi Aişe Sultan, eski kayınpederinin küsülü olduğu Siraç ailesinden iki genci çağırtıyordu huzuruna...

Gençler, üzerinde İslam'ın beş şartını remzeden Fatıma Anamızın elinin resmedildiği rivayet edilen Adalet Kapısından geçerek El-Hamra'ya ayak bastıklarında güneş doğmak üzereydi... "Gir ve bulacağın adaleti aramadığın için kork" yazılı (bu yazı halen durmaktadır) duvarın önünden yol alarak, İkiz Pencereli bahçede eğleştirildi kardeşler...

Hamit için yol, buraya kadardı. Kendilerine eşlik eden nöbetçi kibar olduğu kadar tehditkar bir edayla Hamit'e, "ruhsat buraya kadardır efendimiz!" dedi. Zehra ağabeyine son defa sarıldı. Hamit'i Cennet'ül Arifin bahçelerine doğru götürdüler... Fersah fersah al güllerle dünyadaki cenneti anımsatan bu bahçe, Zehra'nın nazarında artık kana batmıştı. Hıçkırdı.

Ardından işittiği "kederlenmeyiniz efendimiz, ağabeyiniz

selamettedir" diyen sese döndüğünde, eliyle koridoru işaret eden genç saray beyine uymaktan başka çaresi kalmamıştı. İkiz Pencerelerden ağabeyinin arkasına bir kere daha göz attı, pencereler de ağlıyordu bu ayrılığa... Zehra, bu pencerelerin önünde vatandan ayrılmanın kardeşten ayrılmak olduğunu öğrenmişti... Yürüdü...

Onu, El-Hamra'nın Aslanlı Bahçesinde yalnız bıraktılar. Burası, ataları Siraç Beyleri'nin infaz edildiği mahaldi, kalbi acıyla sızladı. Havuzu çevreleyen tam on iki aslan heykelinin gözleri kim bilir nelere şahit olmuştu? Ya havuzun suyunu bütün Hamra'ya taşıyan şu daracık katil arklar? Bu arklardan günlerce kan aktığını işitmişti büyük ninesinden...

Gün doğmak üzereydi. Arslanlı Bahçe'nin doğu burcundan bahçeye vuran ilk ışıkla, havuzu taşıyan dördüncü arslanın suyu kesildi. Aynı anda, beşinci arslanın ağzından akmaya başlayan suyu fark edince, bu havuzun aynı zamanda bir su saati olduğunu anladı Zehra... (Güneş ve su saati vazifesi yapan bu havuz bugün dahi halen Hamra'nın bahçesindedir fakat Haçlı istilasında düzeneği bozulmuşsa da sonrasında İspanyol zekası tarafından bir türlü tamir edilememiştir.)

Emire Aişe Sultan, Aslanlı Havuz'da kendisini titreyerek bekleyen Fehime Zehra'nın huzuruna güneşle birlikte doğu burcundan tulu ettiğinde, genç kız korkusundan gözlerini kaldırıp kendisine bakamamıştı bile...

"İsminiz evladım..." diye başladı Sultan, "bize eski ve kederli bir hikayeyi hatırlatsa da nahak yere telaşlanmayınız"

"Emirliğimize aziz ve güç bir vazife dolayısıyla çağırıldınız, hem belki Siraç Beylerinin ruhları da siz evlatları üzerinden kendilerini affetirme imkanı bulacaklardır" ... Zehra, gözleri yerde, nefes almadan dinliyordu melikeyi...

Aişe Sultan Fehime Zehra ve ağabeyi Hamit'i, doğulardaki

Müslüman müttefikleri Osmanlı Hakanı'na yollamaya niyetliydi. Himaye ve istimdad taleplerini kaleme aldırdığı iki adet mektup: birisi Zehra diğeri Hamit üzerinden İstanbul'a ulaşmalıydı. Gırnata Emirliği'nin Siraçlarla küs ve kan davalı olduğunu bilen İspanyollar nezdinde, casusların dikkatlerini çok çekmeyeceği için seçilmişti kardeşler. Ayrıca İbni Hayyan'ın talebesi olarak Türkçe'ye ve dilbilgisine vakıf olmaları da tercihe şayandı. Bu haberi işitir işitmez, Zehra'nın diz bağları çözüldü, başını yeniden eğerek "baş üstüne" diyebildi Emire'ye... Demek ağabeyi de selametteydi. İçi tekrardan sevinçle doldu...

"Bismillahirrahmannirahim, ve la galibe illallah" (Rahman ve rahim olan Allahın adıyla, Allah'tan başka galip yoktur) diye başlayan bir mektuptu bu... "Biz, Gırnata Beni Ahmer Emiresi ve Endülüs Memaliki İslamiyesinin alçakgönüllü hadimesi Aişe Ümmü Abdullah'ız..." diye başlayan ve Gırnata'nın hali hazırdaki pür melalini Osmanlı Hakanına beyan eden bir arz...

Zehra'ya bu meşakkatli yolculuğunda eşlik edecek ihtiyar bilge Ali bin Halebi geldi huzura... Elindeki latif ipeğe hat edilmiş melike mektubunu, ceylan derisinden kabına yerleştirerek genç kıza uzattı:

"Siz taşıyacaksınız evladım, bahtınız açık olsun, icap ederse ölümünüze rağmen!"...

Endülüs Melikesi'nin Ağladığı Gün

Aişe Sultan

– II –

SON Endülüs Emiresi Aişe Sultan, İspanya Yarımadası üzerindeki İslam Devleti'nin yaşadığı iç karışıklıkları ve yanı sıra artan Katolik baskısını, "Doğuların Hakanına" dermeyen eden istimdat ve iltimas mektubunu Zehra ve Hamit kardeşlere verdiği gün, güneş yılıyla 1490'lara tekabül ediyordu.

Sekiz yüzyıldır "Batıların Yıldızı" gibi parlayan Endülüs'ün son yılları...

Gün be gün küçülerek Gırnata'ya kadar daralmış Endülüs'ün iki rakip sitesi olarak birbirini gözetleyen iki mahalle: El Hamra ve El Beyzayn...

Biri kırmızının diğeri beyazın beylerbeyi... Her ne kadar krallar hep El Hamra'yı tutmuş, El Beyzayn'a ise hep muhalefet kaderi düşmüşse de, çifte beyaz kuleler, tıpkı Siraç Sülalesi gibi hep akıncı prenslerin ikametgâhı olmuştur.

Kanlı bıçaklı iki kent arasında, önceki öyküde anlattığımız bir yasak hatıra da vardır. Siraçlar'ın genç ve edip prenslerinden Hamit, Hamra melikelerinden Fehime'ye platonik ve tutkulu bir sevda beslerken; yazdığı aşk şiirleri, elden ele kulaktan kulağa yayılan bir skandala sebep olmuştur. Siraçlar'ın Gırnata'dan sürülmesi ve büyük beylerinin boyunlarının vurdurulmasıyla asırlar önce kapatılmıştır bu dedikodu gerçi... Ama iki kent öyküyü asla unutmamış ve Kızıl emirlik(Hamra), Beyaz şehzadeleri (Beyzayn) hiç affetmemiştir...

Yıllar sonra, son Endülüs Emire'sinin yardım talep eden mektubunu Osmanlı Hakanı'na götürecek habercileri El Beyzayn'dan seçmesi, sizce bir tesadüf olabilir mi? Aişe Sultan bu hareketiyle Emir olan eşinden bir nevi öç alıyor aslında. Eşinin üst soylarından miras lakan kan davalıları Siraçlar'ı haberci seçmişti kendisine... Tabii eşinden alacağı öcün yanı sıra, İspanyolların El Hamra'ya karşı hep güvendikleri El Beyzayn'dan seçilmiş haberciler, düşmanın şüphesini de çekmeyecekti. Akıllılık etmişti Aişe Sultan... Ali bin Halebî ile yola çıkan Zehra, İspanyolların dikkatini çekmeyecekti, zira Siraçlardandı...

...

Eşine dargındı, gönlü kırıktı Aişe Sultan'ın...

Hem, Aişe Sultan ne yapsın? Göz kenarlarına çoktandır çöken ihtiyarlık alametleri onu her ayna gününde biraz daha umutsuz, biraz daha asabi kılmaktaydı sadece... Eşi Beni Ahmer Emiri Ebu Hasan'ın gözü, kendi üstüne aldığı kuması Marziye'den başkasını nicedir görmemekteydi. Martus ve Bedram şehirlerinin kumandanı Sanşo'nun kızıydı Marziye. Bir esire olarak ganimetlerin arasında Ebu Hasan'a sunulduğunda, on beşinde ya var ya yok, işveli ve pervasız bir güzeldi. Ebu Hasan, onu aldı, kendine eş edindi, Sanşo'nun kızı ihtida ederek Marziye ismini alır almaz, saraya hükmetmeye başladı...

Hem, Aişe Sulta ne yapsın? Açıktan açığa kumasıyla kavga

etmesi ona yaraşır mı? O asil bir prenses olarak, her an rabıta üzerinde ve ağırbaşlı olmayı öğrendiği saray kadınlarının kendisine bit türlü veremediği işve derslerinin eksikliği ile saygıdeğer ama bir o kadar da soğuk ve durgun bir melikeydi... Siyasetten anlayan, edebiyatı seven ve dinine bağlı bir kadındı... Ama ya Mazriye? Örtüsüne bile dikkat etmez, Cenneti Arifin Bahçelerinde uluorta şarkılar söyler, kitareler eşliğinde nöbetçilerin önünde utanmadan dans eden bir aşüfteydi. Ahh, Cenneti Arif'in gülleri, dile gelseler de anlatsalar, Aişe Sultan yedi yaşından beri bütün diğer prensesler gibi burada almıştır gül derslerini. Oysa Marziye kim, gülden, güllerin nazenin dilin-

den anlamak kim? O ancak ihtiraslı avuçlarında sıkıp koparmayı, saçlarına ya da göğsüne takmayı bilir gülleri... Hâlbuki kendisi, her sabah namaz vaktinden sonra çıktığı Saray bahçesinde, tek tek gezip kontrol eder gülleri ve tomurcukları; hepsine ismiyle seslenir, yedi yaşından beri... Oysa bir dil bilmezin elinden işte kana batıyor bahçesi Aişe Sultan'ın... Koskoca Ebu Hasan, Endülüs Emiri, bir Kıpti kızının elinde oyuncağa dönmüştü.

Hem, Aişe Sultan ne yapsın? Cenneti Arifin'in cümle gülleri artık ona bir diken gibi batar... Sierra Neveda dağlarının taş bağrından akarak Hamra'ya gelen sular, avuçlarını bıçak gibi keser... Süreyya Yıldızı'ndan beklediği talihli haberleri hiç duyamamaktan yorulmuş, cümle astrolog ve kâhinlerinden umudunu kesmiştir. Ah gözleri, ağlamaktan kan çanağına dönüşmüş mahzun gözleri...

Biricik oğlu Abdullah'a sarılır uzun uzun hıçkırır. İşte Abdullah, bu mahzun annenin sınıfında yetişen bir talebe olarak, içten içe babası Melik Ebu Hasan'a karşı hep içindeki hınçla büyüdü. Daha az sevildiğine inanan her çocuk gibi Abdullah da kendinden hiçbir zaman emin olamayacaktı ömrü boyunca. Veliaht Abdullah, hep bir çocuk olarak kaldı bu yüzden. Zaten yıllar var ki; babası onun yüzüne bakmaz da, üvey anası Marziye ve ondan olma üvey kardeşleri Yahya ve Meyar'la beraberdirler gündüz gece...

Hatta o kadar ki; halk arasında Gırnata Emiri'nin gözdesi ve oğlanlarıyla Harem'den hiç çıkmadığına dair dedikodular yapılmaktadır. Hele geçen ay, Kastilya Krallığından gelen elçiyi İç Harem'de kabul etmeye kalkması Emir'in, bardağı taşıran son damla olmuş... Aynı elçiyi, adet üzerine Nazırlar Salonu'nda ikinci kez dinlemek zorunda kalan Aişe Sultan tarafından atlatılan bu diplomatik kriz, artık emirin iyiden iyiye aklını yitirdiğini göstermektedir...

Hem, ne yapsın Aişe Sultan? Eşi, oynak bir İspanyol'un kuklası... İşte tüm bu şartlar onun, devlet işlerine el atmasını zaruri kılmıştır. Harem'e girmesi yasak Aişe'nin.

Sanki Marziye, El Hamra'yı ikiye ayırmış da, ülkeyi Harem'den idare etmektedir.

Aişe Sultan ise ser verip sır vermez, hiçbir şey olmamış gibi elçileri kabul eder, beyleri misafir eder, akademya reislerinin saray münazaralarını takip eder, halk günlerinde Meşveret Salonunda tebasını dinler, hâsılı Emir'in yokluğunu elinden geldiğince sezdirmemeye gayret ederdi... O, Nazırlar Salonu ile Arslanlı Bahçe arasında mekik dokurken, Harem'in bahçe ve balkonlarından taşan neşeli sesler kalbine hançer gibi saplandığında, şair Hamdune'nin beyitleriyle kendini avuturdu...

"Sabrımı yere çalıp yağma eden felek/ Benimle güzel yüzlü yârimin arasını açtın/ Tahammül edilmez bela ve imtihanlarla beni yârimden ayrı eden felek/ Kılıç ve mızrak olan kirpiklerimin üzerine ahd ederim ki/ Kin ve intikam burcu benden yanadır/ Gözyaşlarım ayrılık kederiyle coşan bir sel gibi/ İçimde yanan kor ise benden habersiz, sevgiliye yazılan mektubumdur" diye terennüm ettiği bir şiir...

Aişe Sultan, Endülüs'ün bu çok tanınmış iki şair kardeşini pek severdi. Hamdune ve Zeynep Hanımlarının divanını ezbere bilir, en içli olduğu günlerde oğlu zavallı Abdullah'a da okurdu. Prens Abdullah, annesinin babasına olan aşkından çok, ihmale uğramış çocukluğu ve yeterince baba sevgisi görmemişliğin sevki ile bu acıklı şiirleri bir nevi öç yemini gibi anlar ve o da ezberlerdi. (Hamdune ve Zeynep Hanımların divanları Nefhu't Tayyip'te Arabiyyat faslında övülen şiirlerdendir ve Endülüs, kadın edipleriyle de ünlü bir medeniyettir.)

İşte, gözü genç hanımından ve ona kendini beğendirmekten başka bir şeyi görmeyen Emirin, kendisine sıhhat ve erkeklik kudreti verecek eczacı, tabip ve bilcümle dalkavuklarla çevrili dar dünyasından, siyaset adına bir şey çıkmadığı bu günlerde, Aişe Sultan "Haremin dışındaki" işleri görüp gözetmek zorundaydı. Sonraları Endülüs tarihini yazacak pek çok erkek, Aişe Sultan'ın kadın başına devlet işlerine çok karıştığını anlatacaklarsa da, onlar kalpleri katı birer dedikoducudur. Ne bilsinler aşkta kaybetmeyi? Ne bilsinler aşkı ve Endülüs'ün aynı anda kaybetmenin ağır teessürünü...

Geçen bölümde; Siraç kızı Zehra'yı kendisine haberci kılıp, doğulara yolladığında Aişe Sultan'ın hal tercemesi bu minvaldeydi işte...

İhtiyar bilge Ali Bin Halebî, bu imtihanlı ve pek yaman yolculuğa Zehra'nın hamisi olarak eşlik edecekti. Aişe Sultan'ın Osmanlı Hakanı'na yazdığı kraliyet mektubunu üçgenler halinde kıvırarak katladığı vefk kabına yerleştirdi ihtiyar. Vefk kabı ceylan derisinden üçgen bir muskayı andırıyordu. Zehra'nın boynuna astı bunu. "Soranlara, hocamın cinler ve perilere karşı yazdığı vefk'tir dersin kızım..." diye nasihat etti...

Sonra da sandıklara bazı kitaplar, birkaç giysi ve yol ihtiyacı alarak atlarına bindiler... Dikkat çekmemek için Sierra Neveda dağlarının karlı geçitlerinden gidiyordu rotaları. Bir seyis ve iki hizmetçiyle mütevazı bir topluluktu yola çıkanlar... Zehra ve Halebî, Badul Tepelerinden son defa Hamra'ya dönüp baktıklarında içleri titriyordu. İhtiyar bilge; "ahh..." dedi, "ahh.. Endülüs..."... Halen " Arabın ah ettiği mahal" olarak bilinen bu tepe, Endülüs'ü terk ederken ağlayacak tüm Arapların da, Hamra'ya son kez baktıkları bir ayrılık uçurumu gibidir...

Dört gün kadar kıraç ve don tutmuş tepelerde ilerledikten sonra, Halebî'nin, "şimdi güneye doğru!" emiriyle atlarının başını El-Meriye'ye doğru çevirdiler. Niyetleri Gırnata'nın denize varan güneydeki son kalesinden denize açılmak, Mayorka ve Minorka adalarının üzerinden İskenderiye'ye ve oradan da Midilli üzerinden kalkan ticaret gemileri aracılığıyla İstanbul'a varmaktı...

El-Meriye'de dört gün kaldılar. Kumandan Heyran'ın ismini taşıyan ve şehri denizden doğru tümüyle kuşatan Heyran Surlar içinde oldukça mamur bir liman kentiydi Meriye. Demir, bakır ve züccaciyesi ile tipik bir ticaret merkezi olmasının yanı sıra bağ, bostan ve meyveleriyle cennet gibiydi burası. Denize açılan sur kapısının alnında, şahinle baykuşa benzeyen acaip bir kuş suretini görünce ne olduğunu sordu Zehra yaşlı bilgeye; gülerek cevap verdi Halebî: "kaderimizin bundan sonrası denizde yazılmıştır ve şahin gözleriyle felek yol boyunca bizleri izleyecektir, burası Şahin Kapısı!"

İçi titredi Zehra'nın, ağabeyi Hamit'i aradı gün boyu denizcilerin arasında. Ama bir haber bulamadı. Ağabeyini sorduğu bir züccaciye simsarı, ona billur bir gözyaşı şişesi hediye etti. Zehra ona, hasret şişesi ismini taktı.

Yüklerini gemiye bindirdiler, seyis ve hizmetkârlarla vedalaştılar... Fas'lı bir kaptan ve Portekiz'li genç miçolarla birlikte yola koyuldular. Üçüncü gün, deniz şartlarına hiç de alışık olmayan ihtiyar bilgenin ateşi yükselerek sarsıcı bir hummaya düştüğünü, batıl itikadları çok kuvvetli olan Faslı kaptan tarafından bunun mühim bir uğursuzluk addedildiğini, Zehra'nın kaynattığı yaprak ve bitki köklerinden büyüdür diye çok feci huylandığını ve bu iki yolcuyu Minorka Adasına varmadan "Küçük Bela" adındaki hayırsız ve kimsesiz bir adaya bırakıverdiklerini kısaca bahsedelim...

Şans eseri korsanlarla yaptığı bir kovalamacadan dolayı buraya yolu denk düşen Oruç Reis ve adamları, Ali Bin Halebî'nin son nefesine tanıklık ederler. Onu İslam üzere bu sessiz kimsesiz adaya defnederek Zehra'yı da yanlarına katarlar... Zehra'nın kuş kadar küçük kalbinde vatan; ihtiyar Halebî'nin ölümüyle bir kez daha yitirilendir artık...

Keder kısa sürer.

Gemide yeni bir hayat başlar...

Hayatı denizler üstünde yazılmış sert mizaçlı denizci için

Zehra'nın varlığı, önceleri casus olup olmadığı kuşkusuyla bir tür yük gibi algılandıysa da, kızın harikulade neşesiyle renklenmiştir güverteler... Reisi doğduğu günden beri tanıyan Miço Şefi, bu gözü pek hatta dehşetiyle nam salmış savaşçının yeni haline pek alışkın değildir... Doğru dürüst konuşmanın bile geçmediği güvertede yeni bir Zehra rüzgarı esmektedir. Reisin yanından ayrılmayan ve onunla kâh İspanyolca kâh Türkçe konuşan bu genç kız, gemiye ayak attığı ilk günden beri hemen her şeyi değiştirmiş gibidir. Alışık oldukları sessiz Arap kadınlar gibi mahcup ve erkekten kaçınan bir hali yoktur Zehra'nın. Ya herkesin ortasında koca Reis'in elini tutup, falına bakmaya kalkmasına ne buyrulur? Miçolar hemen ayaklanmış, Zehra'yı engellemeye kalkmışlarsa da, Oruç Reis elinin tersiyle kızı itmek yerine, delikanlılara çıkışmış, herkesi işine yollayıvermiştir. Hayra alamet değil tüm bunlar...

"Efendimiz size ihtiyar Meymun'un bana hediye ettiği haritaları göstermiş miydim?"

"Efendimiz, bu gece fırtına geleceğe benziyor, zira Kurtubalı astronomi bilgeleri, ay yatakta denizci ayakta derlerdi, bakınız ay nasılda yatmış, sanki beşikte hahahaha..."

Bir şelale gibi kıkır kıkır akmaktaydı Zehra, Oruç Reis'in güvertesinde...

"Efendimiz denizler duvarını geçtiniz mi hiç?"

Denizler Duvarı da neydi? Hemen kitaplar sandığına koşan Zehra, Endülüslü denizcilerin tuttuğu günlükleri getirip anlatmaya başlıyordu. Cebeli Tarık boğazını aşarak Atlas Okyanusundaki adalara çıkmış Arap denizcilerinin çizdiği haritalar, abartılı Atlantis masallarına eşlik ederek, uzun deniz gecelerini bir solukta içiveriyordu.

"Yarın sabah seni doğduğum köye bırakacağım Zehra..." sözü ile uyandı Zehra'nın akıl gözü ve boynunda aslı sultan emirinin yakıcı ağırlığıyla titredi. İki soru sordu Oruç Reis'e Zehra; ilki "Beni bırakacak mısınız efendimiz?" oldu. Reis de tıpkı Zehra gibi İslam Devletine can-ı gönülden bağlı bir fedai idi ve Zehra da o da aziz vazifesine uygun hareket etmeliydi. Oruç Reis susakalmıştı...

Reis önüne bakınca ikinci ve daha şiddetli olanını söyledi Zehra: "Beni almayacak mısınız efendimiz?" Reis gene sustu. Sonra; ''biz kardeşiz!" diyebildi...

Zehra kadınlığa acemice atmak istediği daha bu ilk adımda başarısızlığa uğramıştı, o anda anladı ki dünyada aşkın en çok benzediği gözler kardeş gözleridir. Oruç Reis demek ki onu kardeş bilmişti, Zehra yanılmıştı, konabileceği güçlü bir ağaç gibi gördüğü Oruç Reis'te, babayı, kardeşi, arkadaşı ve sevgiliyi bir arada görüp karıştırmıştı... Muhacirlikti işte onunkisi, yersizlik yurtsuzluk... Talihiniz uçmaya ve göçmeye yazıldıysa, konabileceğinizi sandığınız bütün dallar kırıktır biraz...

Bir daha birbirlerini görmediler.

"Vatan" denen şey, Zehra'nın ellerinden bir kez daha kaydı, hasret şişesini ve haritalarını Reis'e bırakarak, Midilli'ye indi...

Öykünün bundan sonrasını bilmiyoruz ama muhtemelen her biri de Oruç Reis gibi cengâver birer denizci olan yeğenleri tarafından Osmanlı Hakanlığına teslim edilmiştir Zehra... Ve fakat o vakitler, Sultan Beyazıt'ın başında öz kardeşi Cem Sultan gibi acıklı bir hikâye sarılı olduğundan, Endülüs Melike'sinin istimdat talebi doğularda yeterince yankı bulmamış, ancak ve ancak reconquista (İspanya'nın Müslümanlardan arındırılması projesi) nın kâh kılıçtan geçirerek kâh denize attığı son Endülüslüler, Oruç Reis gibi cengâverlerce kurtarılıp Kuzey Afrika'da iskân edilmiştir...

Oruç Reis, Zehra nezdinde tüm Endülüs'e olan sadakatini ve bir türlü ifade edemediği aşkını, Akdeniz'de girdiği nice cenkle yazdı tarihe... Ruhu şad olsun, Allah'ın rahmeti üzerinden eksik olmasın, yolu Midilli'den geçen her yolcunun duası da bu Akdeniz pirinin üzerinde olsun...

Endülüs'e Veda

- III -

ENDÜLÜS'ün hali hazırda içinde yanmakta olduğu reconquista kuşatmasını Osmanlı Hakanlığı'na arz eden mektuplardan birisi, (Hamit'in taşımış olduğu) İspanyol casuslarının eline geçmişti. Endülüs Emiri Ebu Hasan, İspanyollarla daha evvel mukavele ettikleri barış antlaşmasını bozan bu mektubu, Aişe Sultan'ın devlet işlerine el atması şeklinde yorumladı. Diğer eşinin de kışkırtmasıyla, alelacele kurulan divan tarafından, hükümet bilgilerini dış güçlere ihbar etmek suçuyla itham edilmişti son Endülüs Emiresi...

Aişe Sultan, ertesi gün, El Hamra'nın güneyindeki mahpus kulelerinden birine gönderilmişti...

Emire Aişe'nin, Osmanlı Hakanı'na yolladığı diğer mektup (Zehra'nın taşımış olduğu) ise Oruç Reis'in de müdahalesiyle İstanbul'a ulaşmış; bu istihbarat, Hükümdar Beyazıt-ı Sâni tarafından fevkalâde ciddiye alınarak, Hıristiyan-Katolik âleminin ruhani lideri Papa'ya derhal bir askeri nota verilmişti. "Eğer

Kastilya Krallığı, Gırnata kuşatmasını devam ettirecek olur ve Müslümanlara zarar verirse, Rum'da raiyet altında bulunan Hıristiyanlara aynıyla mukabele edileceğine..." dair bir emirnameydi bu. Yeni duruma göre derhal ihdas ettirilen Osmanlı Akdeniz Donanması da yola çıkmıştı bile...

Ve fakat bu son ahval, Sultan Aişe'yi hepten zor durumda bırakmıştı; zira, İspanyollarla geçici de olsa barış imzalamış olan eşi Ebu Hasan, İspanyollarla arasında yeni bir patırtıyı kaldıracak yaşta değildi. Nitekim, sırf onları hoş tutabilmek için, Doğuları ayaklandıran karısını tevkif ettirmiş, hapse yollamıştı bile...

Aişe ise, mahpus yattığı karanlık odada, oğlu Prens Abdullah'ı düşünmekteydi. Ebu Hasan'ın, diğer eşi Marziye'nin dolduruşuyla, gün geçtikçe öz oğluna karşı artan hırsı, artık bir tür saltanat korkusuna da dönüşmüştü. İşte, oğlunu sırf bu şerden kurtarmak için, El Meriyye'deki kayınbiraderinin hizmetine yollamıştı Aişe. Şimdi, babası Ebu Hasan'ın, annesini zindanlara attırdığını işitir işitmez, yağız atına atladığı gibi El Hamra'ya dayanır, ortalığı birbirine katar mı katardı Abdullah... Zaten, diğer eş Marziye de, böylesi bir kalkışmayı bekler durur çoktan beridir...

Halbuki Aişe, oğlunu bilinçli bir şekilde yollamıştır kayınbiraderinin yanına. Oğlu, amcasının yanında hem selamette olacak, hem de gelişebilecek ani bir karışıklıkta güneyi Akdeniz'in limanı olan bu kentte, Müslümanların deniz gücüne de komuta edebilecekti,.. Ama Abdullah, diplomasi yoksunu duygusal bir çocuktu. Nitekim Aişe'nin korktuğu gibi de oldu. Annesine hâlâ küçük bir çocuk gibi bağlı olan veliaht, derhal çıkageldi; divanın hiçbir nasihatine aldırmadı.

Emir olan babasına uluorta karşı çıkarak, devlet erkanını önünde münakaşalar etti. İşte şimdi o da, annesinin yanındaki, kaleye hapsoluverm işti.

“Ahh, oğlum efendim!" dedi Aişe Sultan: "ben size, ne olursa olsun ısrarcı olmayınız demedim mi ömrüın boyunca?"... İç geçirdi Aişe. Dizlerinin dibinde, hicranla ve hor görüyle büyümüş bu çocuk, asla adam olamayacaktı.

Aişe, aşkta kaybetmiş bir kadın olarak, hiç olmazsa savaşta kaybetmemek için dirayetin gerektiğini bilenlerdendi. Kendi geçmişinde de bir ısrar etme hatası duruyordu Aişe'nin, ısrar etmek bütün belaların başıydı ona göre...

Bahtının açık olduğu günlerden birinde, kocası Emir Ebu Hasan ile El Hamra'nın eşsiz gül bahçelerinden birinde oynadıkları o son satranç gecesi geldi aklına... İlk seferinde Aişe yenilince, kocası pek keyiflenmiş ve ceza olarak ona cariyelerin önünde şarkı söyleyerek, dans etme vazifesini vermişti. Aişe, yalvar yakar olmuş, sözlerin en ince bellisiyle binlerce kere istirham etmiş; ama Melik'i zinhar ikna edememişti. Doğduğu günden beri saray nedimelerinden aldığı hanımlık derslerine ve ağırbaşlı tabiatına asla uygun olmayan bu onur kırıcı hale katlanmak zorunda kalmış; ama içinden de yeminler ederek, kendisini bu hale düşüren kocasına için için "ben sana gösteririm gününü" demişti. Nitekim satranç oyununun ikinci celsesinde, hırsla yendiği kocası, şimdi onun elini eteğini öperek yalvarmaktaydı. Fakat Aişe Sultan bu... "La!" dedi mi, akan sular kesilir.

Kocasına gereken dersi vermek için, Saray'ın en genç hizmetçisinin elini ve eteğini öpmesi talimatında ısrar etti. Ne Şimal Afrikiye'den kalkıp gelen ünlü ticaret kervanlarının taşıdığı siyah renkli nadide incilerden, ne Yemen'den getirilmiş ipekli kadifelerden hiç birine razı olmadı Aişe... İlla o kömür karası Şanso'nun kızı, illa Saray'a o yeni getirilmiş küçük cariye kız... Ve onun kirli küçük elleri... "ah..." der Aişe o geceyi hatırladıkça... Keşke o kadar ısrarcı olmasaydım. Koca Melik, bu İspanyol süprüntüsünün elini eteğini öptükten sonra; adeta bu şımarık dilbere meftun olmuş, sihirlenmiş, gözü gönlü kimseyi görmez olmuştu. Şanso'nun uyanık kızı, ihtida eylemiş, ismi Marziye olmuş ve genç yaşında Melik'in nikahına girerek, o menhus gecenin ardından Aişe'nin ve Endülüs'ün bahtını karartmıştı. Ahh! Israrcılık, devletin sonu olmuştu Aişe için...

Ebu Hasan, Aişe ve oğlu Abdullah'ı gün geçtikçe kendinden uzaklaştırdı ve onlara hep hor davrandı. Genç Prens Abdullah, işte bu şartlarda büyüdü: Sevgisizlik ve Nefret... Kahrederek belki taht kurulabilirdi, ama bahtın kahır üstüne kurulduğu nerede görülmüş? Hem bahtı, hem de tahtı kaybediyordu anaoğul!

Sadık habercilerin getirdiği bilgilere bakılırsa durum giderek fenalaşıyordu, Prens Abdullah'ı tahta isyan suçuyla itham eden öz babası, bu gidişle onun kellesini alacak gibi gözüküyordu. Aişe, sadakatli adamlarının yardımıyla uçuca bağladığı şallarını Abdullah'ın odasına yollattı. Abdullah, Kulenin penceresinden firar ederek, El Beyzayn'a sığındı...

El Beyzayn, kocamış ve karısının elinde oyuncak olmuş Ebu Hasan'a muhalefet eden genç prenslerin diyarıydı. Durumun aleyhine dönmek üzere olduğunu hisseden Ebu Hasan, artık oğlu gibi diğer pek çok prensi de yanlarına çekmiş bu azimli muhalefeti yatıştırmak için, Sultan Aişe'yi derhal serbest bıraktı. Bu arada halkın gözünde düşen itibarını kurtarmak için de çoktandır İspanyolların elindeki Zehra kentine ani bir sefer tertip eyledi.

Onun sefere gitmesini fırsat bilen Aişe, oğluna haber saldı. Abdullah ve diğer muhalif prensler, El Hamra'daki Saray'a gelerek, burada Emirliklerini ilan ettiler.

Aişe'nin kaderi Endülüs'ün kaderi gibiydi... Bir yanda ihtiras, diğer yanda devlet ve devamiyet... Endülüs bu ikisi arasında gidip geldi. Ta ki; Kraliçe İzabel'in adeta çelikten inşa ettiği o Katolik iradesine çarpıncaya kadar...

Aslında Endülüs'te çarpışan iki mutsuz kadının savaşıydı. İzabel de en az Aişe kadar mutsuzdu kendi küçük ve sırlı dünyasında... Babasının ezeli rakibi bir soydan geliyordu kocası... Güzel bir kadın değildi ve siyasi sebeplerle evlenecekti Ferdinand ile. Bu evliliği, din uluları istiyordu, Doğu'da yaldızı parlayan Osmanlı İslam Devletine karşı, Batılıların yıldızı Vega'dan parlamalıydı. Ayasofya'nın hıncı Kurtuba'dan, El Hamra'dan çıkarılmalıydı. Doğu'sunu Ayasofya'da yitiren Avrupa, hiç olmazsa Batılarını İslam'ın elinden kurtarmalıydı. Bu noktada, İzabel, bir azize gibi hazırlandı her güne ve her geceye... Oruçlar, perhizler ve zikirlerle geçirdiği o yeminli günlerde, El Hamra'da çan sesini duymadan yıkanmayacağına dair and içti...

İzabel, ettiği yeminine o kadar bağlıydı ki, kendi içinde yaşadığı kadınsı mutsuzlukları, bir tür dini riyazete çevirdiği siyasi bilinci içinde eritmişti. En yakın dostu, dert ortağı ve akıl hocası olan Rahip Fernando'ya o zamanların en yüksek dini mertebelerinden olan Şelemeke kenti baş episkoposluğunu teklif ettiğinde, Fernando; "Ahh Efendimiz, ben de sizin gibi yeminliyim, Gırnata'dan başka hiçbir yerin baş episkoposluğunu istemem, bana sizin dostluğunuz kafidir Azizem" demişti...

Aynı akıl hocasının öğretileri eşliğinde Engizisyon Mahkemeleri'ni de inşa eden Kraliçe İzabel, İber Yarımadasındaki Müslümanlara ve Musevilere reconquista bayrağını açan kişiydi.

İzabel, bir kadın olarak yaşadığı iç acılarını, din ve siyaset potasında eritirken; Aişe Sultan, aşkta kaybetmeyi bir türlü hazmedemeyen gelgitleriyle aynı kararlılığı gösteremedi. Oğluna defalarca ısrar edip babasıyla barışması için binlerce dil döktüğü halde, ne Ebu Hasan'ı ne de Abdullah'ı diz dize getirmeye yetmedi çabası.

Hayat bu: Bazen küçücük bir kıpırtı, devrilen koca bir çığın ilk başlangıcında durur. Bir mıh, bir nalı; bir nal, bir atı; bir at, bir neferi; bir nefer, bir orduyu düşürür. Ordu'nun tökezlemesi ise devleti çökertir. İnsanların olduğu gibi, devletlerin de bir kaderi vardır.

İki karısının arasında iradesini yitiren Endülüs Gırnata Benî Ahmer Meliki Ebu Hasan ile oğlu Veliaht Abdullah, birkaç kere daha El Hamra üzerinde senindi benimdi yaparken, sekiz yüz yıla yakın bir zaman içinde tüm Avrupa hasılasına analık etmiş yüksek Endülüs Medeniyeti'nin sonu gelir... Kuzeyden Almanya, doğudan Fransa içlerine kadar ilerlemiş Tarık bin Ziyad'ın neferleri, peyderpey kaybettikleri muzaffer günlerinin sonunda kendilerini hakir ve esir bir halde, tekraren Kuzey Afrika sahillerinde bulurlar.

Kraliçe İzabel ve Kral Ferdinand'ın İspanya'daki son Müslümanları Yarımada'dan atarken imza ettikleri antlaşmadan son pasaj:

"Biz Kral Ferdinand ve Kraliçe İzabel'iz. Bu mühürlenmiş mukavelenamenin içinde yazılı bütün maddeler... ne şimdi ne gelecekte hiçbir nedenle hiçbir harfi değiştirilmeyecek, hiçbir hükmünün hilafına hareket edilmeyecek, ettirilmeyecektir" (1492) diye devam eden reconquista belgesi... Ve ardında bir tek Müslüman'ın dahi bırakılmadan yok edilmesi...

El Hamra'nın ve Endülüs'ün o hazin veda gününün Ziya Paşa'nın Endülüs Tarihi'nden okuyalım: "El Hamra, El Beyzayn ve cümle evleri Endülüs'ün feryat ü figan ile matemgaha dönmüştü... Seher vakti Melik Abdullah, hanedan ve yakınlarını hazinede mevcut olan altın, gümüş, kıymetli eşya ve mücevherlerden ne varsa toplayarak büyük bir kervan hazırlayıp, Cebel-i Beşer tarafına gönderdikten sonra, kendisi şehrin ve hazinelerin anahtarlarını ve elli süvariyi de yanına alarak Kastilya Sultanı'nı tebrik etmek için Kral Ferdinand'ın yanına gitti. Abdullah uzaktan görüldüğünde, Kral Ferdinand onu karşılamaya hazırlandı. O da kralın baktığını görünce, saygı gösterip atından inmek istedi. Ancak Ferdinand razı olmadı. Tekrar atına bindi, at üstünde görüştüler.

Himaye usulü ezerine, Abdullah, kralın sağ elini öptü. Kral da teselli etmek maksadıyla onun elinden tutup; 'Dünya devleti için üzülmek, abestir. Sultanlığın bir gün son bulması âdettendir' dedi. Abdullah'a rehin tuttukları oğlunu teslim ettiler... Abdullah, derhal annesi Aişe Sultan'ın yanına vardı."

Halen dahi "Arab'ın Ah Ettiği Mahal" olarak bilinen Badul Tepelerinden El Hamra'ya son kez bakarak yürekten bir "Ahh..." etti, ağladı Abdullah. Aişe Sultan'ın tarihe geçen meşhur resti: "*Yiğitler gibi koruyamadığın vatanına, şimdi kadınlar gibi ağla evladım!*"

Haçlılar, yüzlerce pare top atarak girdikleri El Hamra'yı talan ettiler; aynı sabah El Hamra minarelerine haçlar dikerek çanlar çalınmaya başlandı. Kütüphanelerdeki kitaplar, aylar boyunca yakıldı, yakıldı... Köprülerin altından nehirler boyunca kızıl Müslüman kanı akıtıldı...

Cheteaubriand'ın dediği gibi: "Artık yenenler, yenilenlerin yataklarında yatıyordu." Kraliçe İzabel, El Hamra'nın duvarlarındaki "Ve La Galibe İllallah" yazılarından bir kısmını derhal söktürerek, Nazırlar Salonunun tabanına döşetti. İçlerinde Kristof Kolomb'un da bulunduğu bir takım maceraperest ama misyoner ruhlu denizciye, iş bu mekanda -yani "Ve La Galibe İllallah" yazılı çinilerin üstüne bastırarak- yemin içirdi. Ardından da tüm Amerika'yı tıpkı Endülüs gibi talan ettiler...

Muhammed bin Atiye şu beyiti boşa dememiş:

"Kurtuba'da dört kısım hıçkırığa boğuldu

Kantere Vadisi ve beraberindekiler, bunlar ikisiydi /

Zehra da üçüncüsü.

İlimse dördüncüleriydi ve en yücesi..."

Ve kulaklarımızda, geri dönmemek için gemilerini yakan aziz kumandan Tarık'ın çınlayan nârası:

"Ey Yeryüzü Mağribi'nin yiğitleri, Ey Müslüman Yiğitler! Nereye giderseniz ve gafilane olarak nereye kaçmak isterseniz biliniz ki önünüz düşman, arkanız derya denizdir... Size lazım olan, Allah tarafından vaad edilen yardımdan meded umup, sağlam karakterinize dayanarak ayaklarınızı bu cenk meydanında sabit tutmanızdır... Ve ey Süvariler, beni takip ve taklid ediniz!"

Aişe Sultan... Gemisini yakamadığı için, Endülüs'e veda eden bahtsız kadın... Gerçi İzabel'in Vega'sından da bir haber, bir iz yoktur günümüze... Ama bu iki kadının arasındaki ütopyolar savaşı halen devam etmektedir.

Allah'dan başka galip yoktur!

Merkez'deki Kadın:

Hafsa Sultan

MUSLİHİDDİN Musa Efendi, henüz otuz yaşlarına varmadan icazetini aldığı Bursa Veliyüddin Medresesinden, Denizli'deki Leylekler Kavağı Medresesine hoca olarak tayin edilmişti (1490).

Leylekler Kavağı'ndaki mektepte, sadece erkek öğrencilere değil, kızlara da dersler açtırmıştı. Yeniliğe açık ve idealist bir öğretmendi Muslihiddin Musa. Sadece dini tahsili değil; astronomi, sanat ve fen gibi dersleri de tedrisata koymuştu. Bazı günler, özellikle ağır geçen kış şartlarından sonraki bahar aylarında, talebelerini tabiatla baş başa olabilecekleri dış mekanlara da çıkarır; deney ve gözleme dayalı münazaralarla gerçekleştirdiği dersleri, adeta bir hikmet şölenine dönüşürdü. Çevreden bilenler, rastladıkları yaralı ceylanları, kanadı kırık güvercinleri, topal leylekleri ona ve öğrencilerine teslim ettiklerinden, hayvanat âleminin de şeyhi denirdi kendisine.

Kısa sürede çevrede nam saldı; her ne kadar bazı dersleri, kız ve erkek öğrencilere bir arada verdiğinden hakkında dedikodular olduysa da, yetiştirdiği talebelerin yetkinliği, onun şanını İstanbul'a kadar taşıdı.

İstanbul'da Koca Mustafapaşa'daki Sümbül Efendi'nin dergahında yüksek ihtisas yapmak üzere davet almıştı Musa Efendi... Sümbül Efendi, nüktedan ve şair ruhlu bir tasavvuf deryasıydı. Halvetler ve kırk gün kırk gece devam eden zikir ve sohbet halkalarından sonra, etrafındaki genç hoca efendilere ufak imtihanlar tertip etmesiyle ünlüydü. O da, insanların olduğu kadar, ağaçların ve çiçeklerin şeyhi olarak bilinirdi.

Bir gün, yine uzun hikmet ve riyazet derslerinden sonnra, her biri de şeriat ve fıkıh konusunda üstad mertebesinde olan talebelerini etrafına toplayarak, yakasında taşımayı adet edindiği sümbül demetinden küçük, mor başlıkları, onların avuçlarına bırakarak celseyi açtı. Keyfi yerinde olduğu zamanlar, böyle imtihan celseleri olurdu Efendi Hazretlerinin.

"Cenab-ı Hak, şayet rububiyeti size vazife olarak verseydi, ne yapardınız evladım?" diye beklenmedik bir soru gelince genç ve bilgin ilmiyyecilere, her biri de ciddiyetle cevaplarını sıralamaya başladılar.

Muslihiddin Musa, hocaefendinin avuçlarına koyduğu mor başlıklı sümbül taneciğine bakakalmıştı. Taç yapraklardaki fevkalade sanata adeta dalıp gitmişti.

Diğer arkadaşları, dünya ve kainat nizamı hakkında "Ben olsaydım şöyle yapardım: ..." cinsinden cevaplar veredursun, o avucundaki eflatun elbiseli sarı karıncıklı küçük çiçeğe vurulmuş gitmişti. Sıra ona geldiğindeyse, "hâşâ efendim, hâşâ, Cenab-ı Hakkın kurduğu nizamda hiçbir nâkısa, hiçbir uygunsuzluk yoktur, her şey merkezinde olduğu için, her şeyin merkezinde devam etmesi en güzeli ve doğrusudur" diye bir cevap vermiş; bunun üzerine, hocası Sümbül Efendi'den yüksek bir "Aferin!" almıştı. O günden sonra da kendisini Merkez Efendi diye çağırmışlar.

Sümbül Efendi, devrin Şeyhülislamı Ebussuud Efendi'den tıp dersleri de almasını mutabık gördüğü talebesi Merkez Efendi'yi, daha sonraları Manisa'ya tayin ettirmiş. Kocamustafapaşa'daki Sümbül Efendi'den icazetini alan talebe Musa, hocasının çok sevdiği papağanı ve sümbül tohumlarıyla dolu bir heybeyi sırtlayıp, düşmüş Manisa yollarına...

Manisa; şehzadeler kenti, hisarlar diyarı.

O çağlarda genç şehzade Süleyman (Kanuni) ve güzeller güzeli annesi Hafsa Sultan da Manisa'da mukimler... Yavuz Sultan Selim Han, oğlu için en önemli hocaları vazifelendirmişti. Sadece fen ve şeriat konularında değil; el sanatları, spor ve askerlik dersleri de alan şehzade, Manisa'da adeta bir fatihlik provası yapıyordu.

Güzelliğiyle yedi dünyayı nam salmış bir Sultan olan Hafsa Hanım, gurbetliğini ve gözü gibi sevdiği Yavuz Selim'den ayrı düşmesinin hicranını, kendisine ahretlik ettiği birkaç nedimeyle avuturdu Manisa'da.

Hele Şekerpare ismindeki Çerkez cariye, Hafsa Hanım Sultan'ın adeta sırdaşı gibiydi. Şekerpare, kalp gözü açık, pırıl pırıl çehreli gencecik bir kızdı. Hareme otacı (bitkilerle şifa veren) Candeğer Halası ile intisap ettiğinde, henüz dokuz yaşındaydı. ''O günden beri gün yüzü görmediğinden" derdi diğer kadınlar, ''siması ayın ondördü gibi parlak kalmıştır; eline yabancı eli, alnına namahreme nazarı değmemiştir..."

Şekerpâre, sık sık Peygamber Efendimiz Zişan Hazretlerini rüyasında görmekle meşhur olduğundan, Hafsa Sultan onu yanından bir saniye bile ayırmazdı. Manisa'ya getirilen Şehzade hizmetlilerinden olduğu halde, Şekerpare hiçbir yorucu işle uğraştırılmaz, yemeklerini bile Hanım Sultanla yer; geceleri de onun ayaklarının dibine serilen yer yatağında uyurdu.

Yine böyle gecelerden, Ağustos sıcağının tırtıkladığı uyku aralıklarından birinde, sıkıntıyla cibinliğini açan Hanım Sultan, pencere kenarında oturmuş ay ışığında Kur'an okuyan Şekerpare'yi fark etti.

"Sen de mi uyuyamadın yavrucuğum?"

"Gece öyle güzeldi ki efendimiz, uyuyamadım..."

"İçimi kahır kaplıyor Şekerpare... Sultanımı çok göresim geldi, yokluğumda beni unutturmak için neler tertip eyliyordur şimdi ağzı kara saray insanları?"

"Efendimiz hiç üzülmeyiniz, sizin dillere destan güzelliğiniz yanında cümle güllerin feri söner, hiç daralmasın yüreğiniz!"

Şekerpâre'nin loş oda içinde ezbere bildiği bir kutudan çıkarttığı küçük bir zil, sihirli bir çıngırtıyla çağırıyor gecenin ortasında zenci bir köleyi. Nereden çıkıyorsa geliyor, sanki kapının önünde yatıyormuş; sanki kulağı kapı deliğine yapışıkmış gibi gecenin ortasında dikiliyor kapıya hayalet gibi... Yatsı vakti hazır edilen gül şerbetinden soruyor Şekerpâre zenci köleye, buzluk odasından buz kırıp getirmesini de öğütleyerek. Ardından "Allah rahatlık versin, çekilebilirsiniz!" deyip, hizmetlinin elindeki tepsiyi alıyor ve kadehlere bizzat kendisi doldurarak, pencere önündeki sedire oturmuş Hanım Sultana uzatıyor güzel ve akıllı kız...

Dolunayın şavkı, güzel Sultanın inip kalkan kederli göğsünde kırılıp duruyor. "Başımın ağırsı hiç geçmiyor Pâre'ciğim hiç... Bu hasret beni yiyip bitiriyor."

Üzerine şifa ayetlerini okuduğu buzlu gül şerbetini uzatıyor Efendisine, Şekerpâre... Sessizlik oluyor. O esnada, uzaklardan içli koygulu bir ses, zikir sesi gibi, derinden bir kalp atışı gibi, odayı kaplayıveriyor.

"Duyuyor musun, yoksa bana bir haller mi oluyor, bu seda ne ola?" diye ürken gözlerle genç kıza bakıyor Sultan.

Şekerpare başını öne eğiyor.

"Efendimiz" diyor, "Musa Muslihiddin isminde ilmi büyük dervişmeşrep bir hekim vardır Manisa'nızda... Dergâhının bahçesinden bazı geceler böyle sesler geliyor, takip ettim dolunaya denk gelen gecelerde bu ritim bütün semaları kaplıyor."

"Nedir bu Şekerpâre, dervişler halka kurup zikir mi çekiyor?"

"Henüz cevabını bilmiyorum efendimiz; ama birkaç kere rüyama geldi, anadan üryan perişan birtakım divaneler 'Merkez nerede? Merkez nerede?' deyip ağlaşırlardı. Bilemem alâkası var mıdır?"

Bu kısa yaz gecesi hasbihalinden sonra, iki kadın da seslerin ne olduğuna tam olarak anlam veremeden uykuya dalıyorlar, rabbi yessir dualarıyla...

...

Ertesi sabah İstanbul'dan Manisa Kalesine haberler taşıyan dilsiz Tatar ulak, kadınlar hanesine de bazı emanetler bırakıyor. Saray, İstanbul'daki Sümbül Efendi ismindeki kalbi aydınlık ve basireti kavi veliyi çok aziz tutar, zaman zaman görüşlerine müracaat edecek kadar önemserdi. Güzeller güzeli Hafsa Sultan'ın nice hekimlerin üstadların şifa bulamadığı baş ağrısı için, en sonunda Sümbül Efendiye başvurulmuş; o da şifanın Manisa'da mukim Musa Muslihiddin Merkez Efendi ismindeki bir dervişte olduğunu dermeyan etmişti.

Dilsiz Tatar'ın getirdiği Saray mektubundan işte bu müjde vardı.

Manisa'daki Şehzade Kalesi'nin adamları, derhal şehre haber salarak, Merkez Efendiyi buldurdular. Efendiyi, dergahın çamaşırhanesinde su kaynatırken buldu haberciler. Çevresinde peştemallara sarılmış çırılçıplak, başı kabak halde titreşen divaneler ve onları yıkanma sırasında avutmaya çalışan genç dervişler arasından, kafasını şöyle kaldırdı Merkez Efendi, "Yatsıdan sonra gelsinler, yatsıdan sonra..." diye savuşturdu kendisini soranları...

Hafsa Sultan ve nedimesi Şekerpâre, Osmanlı Hanedan kadınlarına has sıkı kaydüşart altında çıkabilirdi sokaklara, hele bu seferki bir hayli müşkül olacaktı, yatsıdan sonra... İçliklerini, dışlıklarını, cilbablarını giyindikten sonra, üzeri küçük bir çadır gibi tentelenmiş atlastan oturaklar üstünde atlarına bindiler. On iki atlı ve yaya olarak onlara eşlik eden yirmi kadar azadlıyla, şehrin batı kısmındaki bağlık yamaçlara doğru yol almaya başladılar.

Dolunayın altında, geçen gece işittikleri koygulu sese giderek yaklaşıyorlardı. Sanki birileri bir yerlere "Allah Allah, hu!" diyerek vuruyordu. Dergahın büyük kapısının önünde atlarından indiler, kapı açıldığında Merkez Efendi'nin etrafına toplaşan divanelerle bir şeyler öğüttüğünü fark ettiler. Ortada dibek taşları, çevresinde kalabalık, "Allah Allah" deyu, döne döne birşeyler öğütürler... Meğerse halkın hor gördüğü, kabul etmediği, esnafın kovaladığı, çocukların tartakladığı, bitlidir, uyuzdur diye itelediği delileri toplar da bu dergâhta avuturmuş Merkez Efendi...

Misafirleri görünce, hemen yanlarına vardı Musa Muslihiddin; "Efendimiz... Şehrimizin büyükleri, uyku tutmayan gecelerde kadife yataklarından kalkıp buzlu gül şerbeti içedursunlar, bizler de bu uyku tutmayan biçareleri işte böyle avutmaya çalışırız..." deyince, Şekerpâre'nin dizlerinin bağı çözülür. Gözünden kement kalkar. Hemen Hanım Sultanın kulağına eğilerek, rüyasında gördüğü Merkez Efendi'nin bu kişi olduğunu fısıldar.

Meğerse dolunay gecelerinde, şehrin sahipsiz delilerinin çektiği cefa daha da arttığı için, Merkez Efendi bu garipleri çeşitli bitki özlerini dövdürerek, zikrettirerek oyalarmış. Delilerin "Allah, Allah" diye diye dövdüğü binbir bitki özünden bir macun yaparlarmış. Bu macunu hulusu kalple yiyen biiznillah şifa bulurmuş... Halk, divanelerin emeğidir diyerek bu dualı macuna pek itibar edermiş. Dolunay gecelerinde şehrin semalarını tutan iş bu delilerin zikriymiş...

Hafsa Sultan, nasıl olup da şimdiye kadar bu gariplere sahip çıkacak bir ocak, bir şifahane inşa ettirmediklerine hayıflana dursun; Merkez Efendi'ye derhal orada intisap etmiş.

Oğlu Süleyman ise, henüz Kanuni ismiyle meşhur bir dünya padişahı olmadan evvel, annesinin hatırına Manisa'da "bimarhane" namıyla bir akıl hastanesi ve ona bağlı hamam, yatakhane ve kütüphaneler yaptırmıştır.

Manisa'da Merkez Efendi'nin başhekimliğini yaptığı bu akıl hastanesi, dünya tarih kayıtlarına geçmiş üçüncü büyük akıl hastanesidir. Ayrıca tedavi yöntemleri arasındaki musiki ve su terapileriyle cihanda eşi olmayan bir tıp ekolü olmuştur Manisa Bimarhanesi... Evliya Çelebi'nin ifadesiyle "hastalara deva, dertlilere şifa, divanelerin ruhuna gıda, def'i kara sevda olmak üzere on tane hanende ve sazende tahsis edilmiştir ki, üçü hanende (şarkıcı), biri neyzen, biri kemani, biri musikari, biri çengi, biri santuri, biri de udi olup, haftada üç gün gelerek hastalara ve delilere musiki faslı verirler"...

Seyyahımızın bildirdiğine göre; neva, rast, dügah, segâh, çargah, suzinak makamları onlara mahsustur... Bimarhane'de saz ve söz ruha şifa yolu olarak bilinmiştir...

Bimarhane'nin bağlı olduğu caminin minarelerinden halka yağma şeklinde atılarak ikram edilmesi gelenek haline gelen mesir macunu, halen dahi âleme şifadır.

Kanuni Sultan Süleyman, şehzadeliği döneminde annesi Hafsa Sultan'a ve nice garibe derman olmuş bu büyük hekimi, kendisinden ayırmamış ve İstanbul'a onunla birlikte dönmüşlerdir.

Hem annesi Aişe Hafsa Sultan, hem kız kardeşi Şahi Sultan, Merkez Efendi'ye intisaplı Saraylılar olarak, Kanuni Saltanatını Halvetiye Tarikatına bağlayan kadınlar olmuşlardır.

Osmanlı Saltanatının Tek Boşanma Davası

Şahi Sultan

VEZİRİAZAM Lütfi Paşa'nın kulağına kadar gelen hastalık haberleriyle çalkanıyordu şehir...

Bel soğukluğu denen hastalığın adamı anında öldürdüğü duyulmamıştır, lakin son günlerde Osmanlı Payitaht'ı, aniden sokak ortasında titreyerek ölen adam hikayeleriyle sarsılmakta... Hele Alibeyköy'de geçen hafta doğduğu anlatılan "başsız bebek" hikayesinden sonra halk, topluca Eyüp Sultan'a ziyarete koşuşmuş, hocaefendilerin ayaklarına kapanan mahalle kadınları,bu illet için dua temenni etmiş, muskalar yazdırmış, hatimler indirmişti... Galeyana gelenler, sokaklarda bağıra çağıra yürüyüşe geçmiş, Eyüp Sultan'dan Edirnekapı'ya kadar hiç susmadan tekbirler,salavatlar getirerek nümayiş yapmışlardı.

"Zina artmıştı ve başımıza ne geliyorsa hep bu beladandı; kıyamet yaklaşmıştı, dabbetül arz peydah olmuştu; aniden düşüp ölenlerin alnındaki damgalardan da okunmuştu ki, Yecüc ile Mecüc ortalığa inmişti, ama bunların hepsinin sorumlusu zinaperest günahkârlardı..."

İşte şehirde kol kol dolaşıp da Saray'a kadar ulaşan dedikodular. Damat Lütfi Paşa, şehrin selametini sarsan bu fısıltılardan bir hayli tedirgin. Özellikle kadın kısmının cehalete ve dedikodulara pek meyyal bu yönünü gayet iyi bilir, hiç hazzetmez; hatta yakın çevresindeki saray hanımlarını da sırf böylesi şeytan tuzaklarına düşememe konusunda sık sık uyarır, ilmi gayrete teşvik ederdi... Başta muhterem refikası Şahi Sultan ki; kendisi Kanuni Süleyman Han'ın hemşiresi olur ve Şahi Sultan'ın hizmetinde vazifeli tüm diğer saray kadınlarına da, haftada üç saat dini ilim tedrisatını şart koşmuştur Damat Lütfi Paşa...

Paşa sert mizaçlıydı, hayatı bir seferden diğerine koşturmakla geçtiğinden, devletin bekasına ve toplumsal düzene çok önem verir, riayet ederdi. Düzensizliklerden başıboşluklardan zinhar hiç hoşlanmazdı.

Batıl itikadlar, en az ahlaki düşkünlükler kadar toplumu sarsacak meselelerdi onun nazarında. İşte şehri çalkalayan bu son illet ve kıyamet dedikodularını da bu babtan nitelendiriyor ve sorumluların bir an evvel tespit edilip cezalandırılması için adamlarına talimat üzerine talimatlar yağdırıyordu.

Şahi Sultan ise, kocasının bu titiz ve asabi gayretlerini, hep Arnavutluğuna verir, "Arnavuttur, biraz inattır" der, geçiştirmeye çalışırdı.

Aslında çok farklı dünyaların insanlarıydılar. Biri Padişah kızı ve el bebek gül bebek lalalarla dadılarla büyütülmüş asil bir prenses... Diğeri ise, Avlonya civarından devşirme olarak getirilmiş, Viyana kuşatmasından, Rodos ve Korfu çıkarmalarına, Irak seferinden Venedik ve Boğdan akınlarına kadar hayatı kılıç üzerine yazılmış bir devlet çocuğu idi... Onun anası da babası da devlet idi...

Henüz yedi yaşında bile değilken dahil edildiği Devşirme Alayı'nda tam üç gün aralıksız durup dinlenmeden yürütüldüğü o günden beri, aslında hiç durmamıştı Lütfü Paşa. Devşirme Alayı'nda sağ salim kalabilmeye dair verdiği bu ilk imtihanda, hemen ağaların dikkatini çekmiş, sağlık yoklaması yapan hekimler tarafından yüksek direnci not edilmişti. Devşirme çocuklarının gelecekteki muhtemel istidatlarını, sanat ve meşrep yatkınlıklarını kontrol eden görevliler, onun iri avuçlarında daha küçücük bir çocukken iyi ve hayırlı şeyler okumuşlardı. İdeal ve fedakarlık, sadakat ile kolkola akıyordu avuçlarındaki hayat çizgisinde. İki avucunda iki nehir gizliydi Lütfü Paşa'nın: Gaza ve İlim...

Ardından en iyi hocalardan dersler almış, eğitimini Saray'da görmüş fakat ne yazıktır ki merhametli bir ana kucağında aile şefkatinden mahrum olarak yetişmiş, gözüpek bir serdar... Öyle kadın kahrı çekecek, prenses de olsa hatun gönlü eğleyecek mizacı da yoktu ki zavallı Lütfi Paşanın. Onun eline kılıç versinler, sancak tutuştursunlar, koşsun ha koşsun bir yangından diğerine... Öyle gıllıgışlı işlerden anlamaz, adam kayırmaz, hatta kayırmayı münafıklıktan bilir, hiç hazzetmez; sözünü, hak bildiğini kimseden esirgemez, sondan söyleyeceğini Hünkar gelse ilkten söyleyiverir, dokuz köyden de kovuluverir mizaçta bir adam...

Şahi Hatuncuğumuz ise, kırk bir nedimenin yelpazesi arasından süzülüp de geçen bahar rüzgarından bile nem kapacak keyfiyette nazik, çiçek bedenli, tül huylu, tül halli bir Prenses... Cümle cihan milletini hazırola geçirmiş cengaver Yavuz Sultan Han'ın bin nazlarla büyüttüğü ciğerparesi. Babasından sonra başa geçen sülalenin tek erkek temsilcisi Kanuni Sultan Süleyman'ın ise, bir dediğini zinhar iki etmeyerek gönüllediği sevgili kız kardeşi... Sultan hazretleri, her akşam yatmadan evvel muhakkak kapısını çalar, hal hatır eder, kız kardeşinin gönlünü yapar...

Ağzı kara saray dedikoducuları ne derse desin... Lütfi Paşanın Vezir-i Azam'lığa getirilişinde, Padişahın kız kardeşine olan muhabbeti değildir elbette tek sebep...

Koskoca Lütfi Paşa bu, Yanya'da, Aydın'da, Sancak Beyliği yapmış seferden sefere gözünü budaktan sakınmadan koşturmuş; Barbaros'la beraber Venediklilere kan kusturmuş bir yiğittir.

Hatta Korfu kuşatmasında, Padişah'ın "geri çık" emrine, "vallahi de çıkmam, billahi de çıkmam, ilayi kelimetullahtandır, illa ki şehadete yeminliyim" diye karşı çıkmışsa da, Şeyhülislamın kendisine acelece gönderdiği mektubunda bahsettiği; ''Emire karşı çıkmak bağy'dir, isyandır, dinini biliyorsan Sultan emrine uymak farzdır" uyarısına gönülsüzce "he" diyerek çıkartılabilmiştir Korfu'dan... Yürekli adamdır vesselam.

Herhalde ki sırf refikası hürmetine getirilmedi bu makamlara... Padişah onun bu deli fişek hallerini elbette bilir. Bilir bilmesine de sık sık kendisini, babası Yavuz Selim Han ile mukayese eden ve Yavuz Han'a göre daha yufka yürekli bulduğunu ulu orta dile getiren hallerinden hiç de hoşnut değil... Damatsa damat, Yiğitse yiğit... Biraz sözden laftan anlaması gerek...

Hele geçen hafta huzura çıkardığı dülger ustalarından Marangöz Sinan'ın yanında açtığı bahis? Yok, Ayasofya'nın kubbesi altında eziliyormuş Ümmeti Muhammed... Yok, zamanın "en mükemmel çemberi" olarak telakki edilen bu kubbeyi aşacak bir mimari zaferi beklemekteymiş alem-i İslam... İşte beklenen bu kamil kubbeyi inşa edecek kişi de Lütfi Paşa'nın huzura getirdiği şu Marangöz Sinan imiş...

Lütfi Paşa, Mimar Sinan'ın mesleki faziletlerini anlata dursun, Hünkar yeri geldikçe, "marangöz" deyiveriyor Sinan'a... "Marangözdür, marangözdür amma, ameli imardır" diye uluorta bir de tashih etmez mi Hünkârı? Hani şeytana uysa, damat demeyecek, paşa demeyecek, vurdurtuverecek başını ama neyse, Şahi Sultan var arada...

Kız kardeşine hak veriyor: Arnavut'tur, inattır!

İşte siyasetin nazarında, böylece uygunsuz bir adamdır Damat Lütfi Paşa... Şimdi de bütün gayretini, şehri galeyana getiren "zina ve kıyamet" hadiselerine odaklamıştır, Şahi Sultan'ın Paşa kocası...

Zabıtaların ve hafiyelerin rapor ettiği vechile, cemiyet nizamını sarsan tüm nifak meclisleri bir bir basılmakta, zaniyeler tesbit ve tecil edilmekte, ya hapis ya sürgün cezasına çarptırılmaktadır...Görülmüş işitilmiş şey değil, frengi belası dabbetül arz gibi damgalayacak İslambol'u da, şehremanetleri bu cinayetlere gözlerini yumacaklar... Zina ne başa bela iştir bu hikayeden anlayın siz artık... Her şey bu yüzden başa geldi.

Lütfi Paşa, zaniyelerden ''Elfiye'' (bin kişiyle düşüp kalkan) lakaplı bir kadının tenasül uzvunun dağlanmasına dair emir çıkarttığı gün, hanesinde kızılca kıyamet kopuverdi. Emri işiten Hanım Sultan, üzüntüsünden baygınlık geçirmesin mi?

Hele dağlanma operasyonunda can veren başka bir zaniyenin haberi, bardağı taşıran son damla olur... Şahi Sultan, hizmetlilerin huzurunda "kalpsiz adam, cani adam..." deyip eteklerini toparladığı gibi odayı terk etmeye durur... Paşa bu; delidir, inattır, Arnavut'tur, çeker belindeki hançeri... "Helalimsin, benden izin almadan nereye gidersin, hanım kısmına kapıyı vurup gitmek var mıdır şeriatta?" diye gürleyiverince, hizmetkarların her biri dört yandan koşarak eline ayağına sarılırlar paşanın... Hançerin önüne yatarlar da yalvar yakar Şahi Sultan'ı zor şer kurtarırlar paşanın elinden...

Şahi Sultan, hıçkıra hıçkıra ağlamaktan al al kesmiş yanaklarından ateşler sızarak anlatır Sultan Süleyman'a...

"Ah Efendim..." der, "Hünkâr babam sağ olaydı da, gün yüzünden sakındığı çiçeğinin, bir değer bilmezin elinde nasıl solduğunu göreydi..."

Çevresindeki kadınların fikirlerine her zaman çok önem veren Sultan Süleyman, Paşasını hem vazifeden hem de damatlıktan azlediverir oracıkta...

Şahi Sultan, tarih kayıtlarına geçen uzun muhakemeler neticesinde resmi mahkeme kararı ile kocasından boşanır. Osmanlı tarihinde, kocasından boşanmış tek bahtsız Sultan olarak kayda geçer. Üzüntüsünü telafi etmek için, annesi Hafsa Sultan'ın da intisaplı olduğu Merkez Efendi'nin dervişleri arasına katılır Şahi Hatun...

Eski kocası Lütfi Paşa, Dimetoka'da yaşar bundan sonraki yirmi yıllık hayatını... Kimseyle bir çift laf etmeden kendini ilme ve tarihe adar. *Tevarih-i Ali Osman* ve *Asafname* adıyla bilim tarihine geçecek önemli eserler yazar...

İkisi de bir daha kimseyle evlenmezler.

Kızları Esmahan Sultan da, annesiyle birlikte, dedesi Yavuz Sultan Selim Han'ın ayakları dibinde yatıyor...

Lütfi Paşa ise, annesi babası bilinmeyen bir devşirme olduğu için, Dimetoka'da yapayalnız yatıyor ama bir gözü hep Akdeniz'de asılı, gönlü bir seferden diğerine...

Sırtı Yüksek Prens Cihangir'in Anası

Hürrem Sultan

HALBUKİ her ikisi de ''Sultan'ın Kadınları''ndandı.

Bununla birlikte Mahidevran Kadın, Kanuni Sultan Süleyman'a arzedilmiş bir hediye olarak, kendini hep Hürrem'den üstün tuttu... Mahidevran; güzeller güzeliydi, uzun narin, mavi gözlü bir Çerkez dilberi... Sonradan Hürrem Sultan namıyla anılacak Roksalan ise, esir pazarından satın alınarak Saray'a gelen bir Rus cariye olarak, elbette Mahidevran'la yarışamazdı... Nitekim kendisiyle rekabet edecek bir güzelliği olmadığı halde, sırf tatlı dili ve sempatik hareketleriyle Sultan'ın ilgisini çekmeyi başaran Roksalan'a ilkin Harem ehlinden kimsecikler de pek şans tanımıyordu. Ama günleri, kendi lehine kullanmayı başaran bir hilekarla karşıkarşıya olduğunu hiç bilemedi Mahidevran Kadın...

Günlerden bir gün; Sultan, eskisi gibi yanına uğramaz olunca, halini kayınvalidesine açmıştı gözü yaşlı gelinceğiz. Hafsa Sultan, yılların binbir kederle ağarttığı saçlarının arasından elbette hikmetli bir söz bulup çıkaracaktı genç kadına, gelini ona her zaman güvenirdi...

"Ahh... Valideçiğim, halim haraptır, güneşini kaybeden göğe döndüm, nedir benim kusurum günahım?" deyip, dizlerine kapanarak imdat istemişti Valide Sultan'dan. Büyük Hanım, güzel ve terbiyeli gelinini teskin edecek birkaç cümle söyleyip başını okşadı Mahidevran'ın.

Ama kıskançlık hastalığı, kadın yüreğine bir kez girmeye görsün, kandan bir çanağa dönmüştü genç kadının kederli gönlü. İsterse Sultan eşi olsun, Mahidevran, içindeki gemi azıya almış yaralı ve vahşi kaplana, bir türlü söz geçiremiyordu. Ah, bu gece de Sultan Hazretleri hanesine uğramamış, hazırlattığı günlükler sabaha kadar yetim bir çocuk dilsizliyle tütmüş, tütmüş, aşk acısına zehir katmışlardı. Aynada kendisini yoklamaya korkuyordu artık Mahidevran, orada kahır ve kederin hırpaladığı tercihe şayan görülmeyen, gözden düşmüş bir kadını görmek istemiyordu... Gümüş çerçeveli el aynasını öfkeyle yere fırlattı, paramparçaydı şimdi aynasıyla Mahidevran...

Saray adetlerine göre oğlu Şehzade Mustafa'yla birlikte Manisa Sancağına gidecekti kısa bir süre sonra... Bu gidiş, Sultan'ı hepten Roksalan denen o Rus esire bırakması demekti... Şehzade Mustafa, babasının ve annesinin tüm güzel özellikleriyle donanmış, hem bilge hem de cengaver bir gençti. Saray'ın büyük oğlu ve tahtın varisi nasılsa kendi oğlu Mustafa'ydı, Mahidevran hiç olmazsa bununla avutuyordu kendini... Aşkta kaybeden hep bir teselli arar ya, Mahidevran'ın tek tesellisi ve neşesiydi Şehzade oğlu...

Yarınki görkemli Saray Alayı ile Manisa Sancağına oğlu ile yola çıkmadan önce, bir çift lafı olacaktı o sonradan görme esir kızına... Neymiş efendim, Sultan Hazretleri kendisine paha biçilmeyen nadide bir siyah inci hediye etmişmiş de, o da; "Efendimiz ben bu yüksek iltimasa layık değilim" demişmiş de, Sultan'ın hediyesini elinde taşıyamazmış da, tutup altundan bir halkayla kaşının kenarına taktırmış da... Bu falanlar ve filanlarla Saray çalkalanmakta... Sultan hazretleri de bu fevkalade jestten pek müteessir olmuş... Roksalan belki Mahidevran'la güzellik konusunda yarışamaz, halk da onu asla Mahidevran gibi sevip tutmaz ama; gel gör ki böyle hileleri, böyle düzenleri ile koca Hünkarı esir almış bir esir kız...

''Satılık et parçası! Hain, benimle yarışmak mı istiyorsun sen?" deyip o gece paralıyıvermişti Roksalan'ı Mahidevran... Genç kadının kaşı yırtılmış, saçı başı darmadağınık bir halde ağlayarak Padişah'ı beklemişti... Ardından da Padişah kendisini huzura çağırttığında, onun yüksek huzuruna bu şekilde çıkamayacağını, kendisinin değersiz bir esir parçası olduğunu, Sultan'a layık olmadığını söyletmişti aracılarına...

Sultan, aracıların getirdiği habere hayret etti... Zira, ömründe ilk kez bir kadın tarafından reddediliyordu, o birine ''gel" diyecek ve o biri gelmeyecek... Derhal, olayı anlamak için Roksalan'ın kaldığı odaya kadar kendi ayağıyla gitmiş, vehameti bir de onun ağzından dinleyince, kaybeden yine Mahidevran olmuştu...

Roksalan'ın ağlamalarına, alçakgönüllü hallerine, ''Efendimiz ben size layık değilim"lerine ve kanayan kaşına gözüne ram oluvermişti koca Sultan... Esir kızın yüzünü gözünü kendi elleriyle sıvazlamış, gülsuyu ile silmiş, siyah uzun saçlarını bir güzel tarayıp, "'sana cihanın incileri feda olsun, zaten sen benim nadide incimsin" diyerek olmadık iltifatlara boğmuştu Roksalan'ı...

Mahidevran Sultan, Şehzade oğlunun peşinden önce Manisa'ya ardından Diyarbakır ve Amasya Sancaklarına gezdi durmuştu bu olaydan sonra...

Bu arada Roksalan, Padişah'a bir erkek çocuk dünyaya getirince, Sultan'ın nezdindeki değeri bir kat daha arttı. Muhteşem

Süleyman, saray âdetlerini hiçe sayarak bu esir kızı, nikahına aldı, ismi Hürrem Sultan oldu. Oğulları Cihangir'in, kambur ve narin bünyesini bahane ederek, diğer Şehzade anaları gibi sancak sancak dolaşmaktan da kurtulmuştu Hürrem Sultan. Yine saray adetleri çiğnenerek, Harem'deki odasından Padişah'ın makamına yerleştirildi Hürrem. Bu ilk bakışta çekirdek aile benzeri sıcak bir yuva ihtiyacı gibi gözükse de, Hürrem'in Padişah'ın sırdaşı olması yolunu açıyor ve daha sonraki zamanlarda "Kadınlar Saltanatı" namıyla anılacak bir dönemin başlangıcını yapıyordu...

Başından beri söylüyoruz; sırf güzelliği ile değil –hatta tarihçilerin yazdıklarına bakılırsa, çirkin bulunuyor Mahidevran'a kıyasla- akıllı, sevimli ve sempatik halleriyle Sultan'ın gönlünde taht kuruyordu Hürrem Sultan... Onun ne kadar akıllı ve adaptasyon zekasının ne kadar yüksek olduğunu, Padişah seferdeyken ona yazdığı mektuplardan da anlayabilirsiniz. İlkin katiplere yazdırdığı kalem işlerini, kısa sürede büyük bir vukufiyetle öğrendiği Türkçesiyle kendi yazar olmuştur...

"Sultan'ım, ayrılığın yakıcı acısının haddi hesabı yoktur. Artık bu sefile merhamet edin ve soylu mektuplarınızı ne olur esirgemeyin. Bırakın, ruhum hiç değilse, mektubunuzla biraz huzur bulsun... Soylu mektuplarınız okununca, kulunuz ve oğlunuz Mir Mehmet ve kulunuz ve kızınız Mihrimah hasretinizle feryat ederler. Sultanım, oğlunuz Çelebi Mehmet ve kızınız Mihrimah ve Selim Han ve Abdullah size çok selam eder, ayağınızın tozuna yüz sürerler..."

Seferlere çıkan Sultan'ın yerine tam anlamıyla bir imparatoriçe edasıyla hükmen el koyan Hürrem Sultan, eşi payitahttayken de danışmanlık vazifesinden asla vazgeçmedi. Sultan'ın üzerindeki bu inanılmaz etkisini, saray adamlarının görevlendirilmesi hatta çoğu kez azledilmelerinde bile açıkça hisseder olmuştu herkes... Hem korkulan, çekinilen hem de sevilmeyen ve nefret edilen Hürrem Sultan portresi, Sultan üzerindeki bu fevkalade tesire binaen çizilmiştir...

Ne gariptir ki; öz oğlu Şehzade Mustafa'yı genç yaşında ayağına kadar çağırtıp sonra da siyaset gereği boğdurtarak öldürten Sultan'ı, tarihte kimsecikler suçlamaz ve kınamazken, bunun bir siyasi komplo olarak Hürrem tarafından tertip edildiğine inanılır hâlâ dahi...

Pek tabiidir ki başından beri yıldızları barışmayan bu iki padişah karısının arasında devam eden gerilimde kazanan taraf, hep Hürrem Sultan olmuştur.

Hatta öz oğlunu suçsuz yere boğdurtan Padişah'ın aslında masum olduğu, bir Rus büyücüsü olan Hürrem tarafından gözlerinin bağlandığı, Sultan'ın büyülendiğine dair şayialar yayılıyordu başkentin ara sokaklarında... Hürrem'in cadı olduğuna inanıyordu halk... Kimse Sultan'a suç bulmuyordu. Eski bir şark geleneğidir bu; Devleti temsil eden reise suç bulunmaz da kötü ve haksız işlerden dolayı, hep danışmanlar suçlanır... Hürrem, kızı Prenses Mihrimah ve damadı Rüstem Paşa ile, Kanuni'nin sanki siyahi bir gölgesi gibi, fesad işlerin yüklenicileri oldular.

Kanuni, Muhteşem namıyla adını cihana yazdırırken, büyük bir aşk ve sadakatle sevdiği eşi Hürrem Sultan'ın payına düşecek nefreti, elbette hayal edemezdi.

Hürrem Sultan, tarihlere şerriyle kaydedilirken ıskaladığımız bambaşka bir gerçek vardı oysa... Padişah eşleri arasında, kocasının arkadaşı ve sırdaşı olabilmiş neredeyse tek kadından söz ediyoruz Hürrem Sultan derken, bunun altını çizelim... Yedi iklime baş eğdirmiş Muhteşem Süleyman'ı sözü, cesareti ve zekasıyla kendisine ram edebilmiş bir esir kadındır Hürrem Sultan...

Ve Sultan'ların tüm dünyayı saygı ve korku ile ayakta tutan

haşmetlerinin ötesindeki yalnızlıkları... O akıl almaz ıssızlıkları... Taht, şan ve hudut büyüdükçe daralan emniyetsizlik çemberindeki bir başınalıkları... İşte önce Hürrem Sultan ve Sırtı Yüksek Şehzade Cihangir, ardından zeki prenses Mihrimah, bu çelik gibi kuşatıcı royal yalnızlığı dağıtan simalar olarak, her zaman Kanuni Sultan Süleyman'ın arkadaşları ve sırdaşları olmuşlardır...

Diğer şehzadeler, bir Sancak'tan diğer Sancağa, at üstünde cengaverlik talimi yaparken, sıhhat talihsizlikleri sebebiyle taht varisi olamayacak Cihangir, her zaman babasının yanında kalma şansına erişmiştir...

Diğer şehzadeler, kral ile baba-oğul yakınlığını yaşayamazken, bu talihsiz kambur çocuk; babasının yoldaşı, sırdaşı, neşesi olmuştur... Babası ile satranç oynayan, babası ile hasta filleri ve yaralı ceylanları ziyaret eden, hastalığı dolayısıyla hatırı kırılmasın diye hiç bir arzusuna ses edilmeyen, Saray'a sürekli kedi, köpek ve maymun taşıyan, onları eğiten, hatta kediciklerine cambazlık maharetleri öğreten, babasıyla çiçekler ve anatomi hakkında uzun uzun konuşabilen bahtsız şehzade Cihangir, belki de diğer kardeşlerinin hiçbir zaman tanıyamadığı ''baba" yüzünü görmüştür Sultan'ın... Dönemin Avusturya Byükelçisi Ogier Ghiselin de Busbecq, Saray'ın garip hayvanlarını anlatırken şehzadeye ait büyük hayvanat bahçelerinden bahseder. Hatta hayatında daha evvel hiç zürafa görmemiş olan elçiye, kısa bir müddet evvel ölmüş ve gömülmüş Prens Cihangir'e ait zürafanın kemikleri gösterilir. Tuttuğu günlüklerde, dans edip top oynayan bir fil yavrusundan da bahseder Busbeq. Vaşak, yaban kedisi, arslan, kaplan, leopar ve panterler Prensin en sevdiği hayvanlarıdır...

Defalarca kere omzundan ve sırtından ameliyatlar geçiren bu biçare prens, hastalıkları ile babasını ye'se garkederken, aslında Sultan'la arkadaşlığı da kazanmıştır...

Akıllı prenses Mihrimah Sultan da tıpkı annesi gibi babasına sürekli mektuplar yazan, babasını her konuda bilgilendiren bir danışman olarak yaşamıştır.

Aslına bakarsanız, Hürrem ve Mihrimah Sultan'ların elindeki büyük güç, onların okur-yazar olmaları ile de çok yakından ilgilidir. Belki de kadınların yazı yazmalarını onların cadı'lık imkanları ile bir tutan görüş de buradan beslenir...

Onlar hep yazdılar...

Hürrem Sultan 1558 yılında vefat ettiğinde kimse tarafından sevilmeyen, saray entrikaları, komplolar ve cinayetlerden sorumlu tutulan bir kadın olarak tarihe geçti... Tarihçiler hep onun siyasi ihtirasından bahsettiler. Kimse onun Sultan'a olan derin aşkı ve sadakatinden, koçasını vatanı bildiğinden söz etmedi... Korsanlar tarafından küçük yaşta bir esir olarak getirildiği Saray'ında bir melikeden çok kocasına ve çocuklarına sadık klasik bir anne rolünden kimse söz etmedi...

Şeyhülislam Sunullah Efendi, 1599'da yazdığı manifestosunda, Osmanlı toplumundaki bir dizi zararlı ve huzur bozucu gelişmeler başlığında dile getirdiği "kadınların umur-ı mülk ve saltanata karışması" bahsini hiç de boşa kaleme almamıştı. Karanlık bir dönem olarak Kadınlar Saltanatı'nın mührü, halen dahi Hürrem Sultan'ın kalem tutan sağ elinde parlamaya devam ediyor...

ŞEHZADE MUSTAFA'NIN KATLİ

Kanuni Sultan Süleyman Han'ın Mahidevran Sultan'dan olma büyük oğlu Şehzade Mustafa, hem babasının hem de halkın çok sevdiği bir prensti... Çok iyi eğitim almıştı. En mükemmel hocalar eşliğinde gözüpek bir lider olacak vasıflarda yetişmiş bir kimseydi Şehzade Mustafa...

Fakat diğer Sultan'ın diğer eşi Hürrem (Roksolan) Sultan ve

damadı Vezir Rüstem Paşa, tahta çıkması kuvvetle muhtemel bu şehzadeyi değil de, Hürrem'in oğullarından Şehzade Selim veya Şehzade Beyazıt'ı desteklemeye karar vermişlerdi... Planları gereği ilk olarak Şehzade Mustafa'yı Manisa'daki sancak beyliğinden, Amasya'daki Sancak'a tayin ettirdiler... Böylece, başkente ve Saray idaresine hem daha uzak olacak, hem de İran Şah'ına sınır komşusu olarak, zaten Hünkâr'ın hassas olduğu bir hudutta, düşmanla işbirliği yaptığı konusunda her türlü dedikodu ve yanlış bilgiye maruz kalabilecekti.

Damat Rüstem Paşa, güya Şehzade Mustafa adına İran Şah'ına karşı yazılmış bir takım mektuplar sunuyordu Hünkar'a... Aslen Mustafa'nın yazmadığı bu mektuplarda, Şehzade adeta imparatorluk taslayan bir eda ile zaten hasımları olan İran şahına karşı olmadık sözler sarfediyor, babasını ve saltanat nizamını hiçe sayıyordu...

Damat Rüstem Paşa, cengâverliği ile tanınan ve askeriye tarafından da çok sevilen bu Şehzade hakkında, Yeniçeri gücünü de arkasına alıp, Padişaha karşı ayaklanacağı bilgisini her seferinde yineliyordu...

Ama Hünkârın, oğluna güvenci tamdı. Hatta Peçevî Tarihi'ne bakacak olursak: "Haşa! Mustafa Han'ım bu küstahlığa cüret ide ve benim hayatımda bir vaz-ı nâ-makul irtikab ide. Bazı mufsidler kenduler meyil olduğu şehzadeye mülk münhasır olsun deyu buhtan iderler. Zinhar bu sözü bir dahi lisana getürmeyin; bu makule mesaviye vucud virmeyin!" şeklinde sert cevaplar da veriyordu dedikoduculara... Fakat Hürrem ve Rüstem'in duracağı yoktu...

Büyükelçi Busbeq'in maiyetindeki seyyahlardan Dernschwam'ın ifadesiyle de, gezip gördükleri her yerde, halk Şehzade'yi çok seviyordu. Memleketin her yöresinin ona kalpten bağlı olduğunu, askerler arasında da çok tutulduğunu, hatta pek çok kimsenin ona şimdiden Sultan diye hitap ettiğini, bu şartlar altında Kanuni Sultan Hünkâr'dan sonra bu genç prensin hükümdar olacağını dile getiriyordu Dernschwam...

Kanuni 1553 yılları sonlarında düzenleyeceği İran Seferi'ne, yaşı epeyce ilerlemiş olduğu gerekçesiyle katılmayı uygun bulmadı. Damadı Rüstem Paşa'yı ordunun başına geçirerek seferi başlattı.

Rüstem Paşa ve Hürrem Sultan'ın planı işlemeye başlamıştı.

Ordu'yu Konya Ova'sında durduran Rüstem Paşa, Padişah'a acelece mektup yazdı. Derhal Ordu'nun başına geçmesi gerektiğini, zira kendisi hakkında ihtiyarlamış olduğu ve yerini oğlu Mustafa'ya terk etmesi lazım geldiği konusunda bir fitnenin çıkmış olduğu ve bu durumun Ordu'da ayaklanmaya sebep olacak boyuta geldiğini beyan eden bir mektuptu bu...

Bunun üzerine Padişah Rüstem Paşa'yı İstanbul'a geri çağırarak, Nahçivan Seferine başkomutanlık yapmak üzere bizzat kendisi çıkacaktı yola... Paşa, İstanbul'da uzun müzakerler yaptı Şehzade Mustafa'nın bertaraf edilmesi gereken bir asi olduğuna dair...

Padişah Konya Ereğlisi civarındaki Ordu'nun başına varır varmaz, Amasya Valisi oğlu Şehzade Mustafa'yı da Nahçivan seferinde kendisini desteklemek üzere yanına çağırdı... Şehzade'nin yakın adamları, Hürrem Sultan ve Rüstem Paşa komplolarına karşı uyarıyorlardı genç Şehzade'yi, ama o, canından çok sevdiği babası için, böyle bir şeye hiç mi hiç ihtimal veremiyordu. Hatta, babasıyla yapacağı Konya buluşmasında çadıra girmemesi, Sultan ile askerlerin görebileceği açık mahallerde konuşmasını da salık verdiler kendisine... Ama o babasının sözüne güvenerek üzerinde silahı olmadığı serbest bir halde, Konya'daki Hünkar Otağı'na girdi, çoktan beri göremediği ve özlediği babasını vasıl olmayı tercih etti... Genç Şehzade, içeri girer girmez oracıkta boğuldu... Müteakiben, yedi buçuk yaşındaki oğlu Mehmet de Bursa'da benzer bir vehametle karşılaştı...

Küçük Şehzade Mehmet'in öldürülmesi, Bursa halkını çileden çıkardı. Büyükelçi Busbeq'in bildirdiğine göre; ''Bursa kadınları, çocukları ve hizmetçileri ile büyük bir kalabalık halinde saçını başını yolan kadının yanına koşuştular. Feryatlar ayyuka çıkıyordu Kapılardan dışarı fırlamışlar: Şu küçük sübyanı öldüren Hadım nerede? Hadım nerede? Onu parça parça etmeli" diye haykırıyorlardı...

Şehzade Mustafa'nın katli, askerler arasında da infiale sebep olmuş, birkaç bin asker İran tarafına geçmişti. Öyle ki Şehzade'nin daha evvel maiyetindeki kişileri hoş tutabilmek için çeşitli zeamet ve tımarlar çıkarılmış veya var olanlar arttırılarak, taraftarların tepkisi yumuşatılmaya çalışılmıştır.

Keza zaten hassas yapıda ve hastalıklarla pençeleşen küçük Şehzade Cihangir, üvey ağabeyinin öldürülmesinden sonra günlerce ağlamış ve hastalanmış, yatağa düşmüş bir daha da kalkamamıştır...

Halkın Şehzade'ye ve acıklı hikayesine olan tepkisi o kadar yoğundur ki, Selanik taraflarında peydah olan ve kendisini Şehzade Mustafa olarak takdim eden bir düzenbaz dahi (Düzmece Mustafa İsyanı) çevresine binlerce insan toplayabilmiştir.

Şehzade'nin katlinin en önemli sonuçlarından birisi de Yeniçeri ayaklanmasıdır... Vahim cinayet, Yeniçeri ayaklanmasına sebebiyet vermiş, Vezir Rüstem Paşa azledilmeden ayaklanmalar durulmamıştır.

İdama karşı en belirgin tepkiler ise edebiyat dünyasından yükselmiştir... Şiir, mersiye ve na'tlar yazılmış, edebiyat tarihine geçmiş bu acıklı kıtalar masum bir şehzadenin anısını bugün bile hâlâ canlı tutmaktadır...

Nisayi ismindeki bir kadın şairin beyitleri, bu azim katliamdan sorumlu tutulan kişileri de zikretmesi hasebiyle önemlidir:

Mustafa'yı Mustafa ile görürsen ni'dersin
Yüzüne bakmaz ise sen kime feryad idesin
Bir gün ola dünyadan sen dahi hasret gidesin
Ey şeh-i bi-şefka ni'tdi sana Sultan Mustafa...

Bir urus cadusının sözin kuğuna koyup
Mekr ü ale aldanuban ol acuzeye uyup
Bağ-ı ömrün hasılı ol serv-i azada kıyup
Bi-terahhum şah-ı alem nit'di Sultan Mustafa...

Dönemim kadın şairlerinden Nisayi'nin beyitlerinde "urus cadısu" olarak geçen ve halkın dehşetle yad ettiği Sultan, yukarıda bahsi geçen Hürrem (Roksalan)'dir... Hürrem Sultan, Osmanlı Devleti içinde yükselmenin sona erip duraklama ve ardından gerilemenin başlayacağı dönemin başlangıcında duran isimdir...

Dillere destan düğünüyle :

Ayşe Sultan

III. Murad'ın kızı Ayşe Sultan'ın Kanijeli İbrahim Paşa ile yapacağı muhteşem düğüne hazırlanıyordu İstanbul sokakları...

Ayşe Sultan'ın babaannesi olan "Kadınlar Saltanatı" döneminin başlangıç isimlerinden Nurbanu Sultan ise, bu düğünden üç sene evvel, dünyasını değiştirmiş olduğundan, torununun mürüvvetini görememişti. Zaten babaannesi ve annesi arasındaki keskin gerginliğin hissiyatı içinde yetişmişti Ayşe Sultan...

Babası Padişah III. Murad, güçlü kadınlarla çevrelenmişti... Bir tarafta büyük hala Mihrimah Sultan, Babaanne Nurbanu Sultan, halalar İsmihan ve Gevher Hanımlar... Diğer yanda annesi Safiye Sultan arasında geçen iktidar kavgasının hikayeleriyle büyüdü Ayşe Sultan...

Babaannesi ve halaları, annesine karşı birlik ediyor ve sultan babasının gözünden düşürmeye çalıştıkları annesi Safiye Sultan'a karşı, olmadık pusular planlar tertipliyorlardı. Hatta

İsmihan Hala'sı her defasında bulup getirttiği, birbirinden güzel ve yetenekli cariyelerle Safiye Sultan'ı iyiden iyiye sildirmişti babasının defterinden...

Ama Safiye Sultan, sabırlıydı ve en az hasımları kadar tutkuluydu iktidar hisleri... Kaderin cilvesiyle önce kayınvalidesi Nurbanu Sultan'ın 1583'teki ölümü, ardından görümcesi İsmihan Hanım'ın 1585'te lohusalığını müteakip vefatı ile kendisine yönelik muhalefet çemberi kırıldı. Bundan sonraki dönemde, kocası Sultan üzerindeki tüm kadınlık haklarından neredeyse vazgeçerek onu diğer kadınlarla baş başa bırakma kararı aldı... Kendini devlet işlerinin içinde bulduğu bu dönem, tam anlamıyla bir Valide Sultan dönemiydi... 1595'te kocası da ölünce; ''Mehd-i Ulya-yı Saltanat" (büyük saltanat beşiği anlamındaki bu lakap valide sultanlara münhasır olarak kullanılırdı) olarak devlet nüfuzu tamamen eline geçmişti Safiye Sultan'ın...

İşte Ayşe Sultan, böylesi hırslı ve kudretli büyük anneler, halalar ve kadınlar eşliğinde büyütülen bir kız evlattı...

Kanijeli İbrahim Paşa, eşi olacak Ayşe Sultan'dan yaşça epey büyük olmasına rağmen, sevilen sayılan bir devlet adamıydı ve evlilikleri boyunca da Prenses eşini hep mutlu kılmayı bilmişti...

İstanbul sokaklarının hazırlandığı düğün merasimi, böylesi bir kadınlar saltanatı hasılası içinde cereyan edecekti. Padişah III.Murad, damadı İbrahim Paşa'ya, henüz nişan hediyesi olarak hediye ettiği Sultanahmet'teki büyük sarayı, yeni çiftin oturacakları düğün evi olarak hazırlatıyordu... Dönemin ileri gelenlerinin gelin ile damada hediye verme telaşı da dillere destandı... Kaptan-ı Derya'sından Reisül Küttab'ına kadar tüm devlet görevlileri kah konaklar, yalılar, kah meyve bahçeleri ile düğünü ziynetlendiriyor, yeni evli çiftin yaşayacağı evin tefrişatını üstleniyorlardı...

At Meydanı'ndaki (Sultanahmet Meydanı) İbrahim Paşa Sarayı'nda hummalı bir restorasyon başlamıştı. Gelin Hanıma has üç yeni hamam odası, bahçe ve iç haremin yeniden elden geçmesi, perdelerden halılara kadar her şeyin en alası olması konusunda Padişah'a yakın çevre, adeta birbiriyle yarışa girmişti...

Sarayın bahçeleri yeni çiçek tarhları ve fidanlarıyla adeta bir cennet bahçesini andırıyor, bahçelere yapılan havuzlar egzotik balıklarla süsleniyor, yine Saray'ın bahçesine inşa edilen misafirlere has yeni küçük köşkler ve güneşten korumalı kafesleriyle kameriyeler, düğünü olacak çift için hazırlanıyordu... Sadece Ayşe Sultan'ın düğünü ve debdebesine bile bakarak döneme damgasını vurmuş kadınlık saltanatı hakkında bilgi sahibi olacağımız bir tantanaya ev sahipliği yapıyordu Payitaht...

Düğün hazırlıkları yapıladursun, Valide Sultan ile kızı Ayşe Prenses, Mayıs'ın ortalarına doğru, Topkapı'dan Beyazıt'taki Eski Saray'a taşındılar ve burada tam sekiz gün sekiz gece bitmek bilmeyen kına merasimleri ve hediyeleşme törenleri geçti... Safiye-Valide Sultan'ın takdim edilen hediyeleri, istikbalde yükselmeyi umdukları makam ve mevkiyi de hesaba katarak çok önemsediğini bilen zevat, kına merasiminde de oldukça bonkör davranıyordu. Öyle ki Padişah III.Murad'ın kızına hediye ettiği ''Ak Yele" ismindeki kırat, dokuzuncu günde gelin hanımı yeni evine taşıyabilmekte zorluk çekecekti... Zira, kına hediyeleri olan elmas, zümrüt ve yakutları taşımakta güçlük çeken heybeler, Ak Yele'nin nefesini kesecek şekilde ağır birer yüktüler...

Beyazıt'taki kına evine ve Topkapı'daki Saray'a getirilen hediyeler o kadar çoktu ki; başını palabıyıklı Yeniçeri Ağası'nın çektiği tam üç yüz elli kişilik kafileyle türlü merasimlerle getirilebiliyordu bu hediye katarı...

İtalyan Elçi'nin hanım sultan için özel olarak yaptırdığı, pırlantalı çizme, pabuç ve terlik takımı, herkesin beğendiği bir hediyeydi. Bahreyn Emirliği'nden Elçi aracılığıyla gönderilmiş iri elmas ve küçük yüzlerce pırlantadan oluşan gelin tacı da, diğer sefirlerin getirdiği nice armağanların arasındaydı... Tam elli kişilik bir grupla denizci Levantenlerin taşıdığı kale şeklindeki dev düğün pastası da şimdiye kadar görülmüş bir şey değildi...

Eyüp, Üsküdar ve Topkapı'daki yerli esnaf, bedestenlerin bağlı olduğu esnaf loncaları ise tam on deve yükü hediye ve levazımatla destekliyordu Sultan düğününü... Bir deve yükü kına, dört deve yükü şekerleme, beş deve yükü ipekli kumaş ile cümbüşler, sazendeler ile neşeli bir alay şeklinde yürüyordu loncaların hediye katarı... Önde yirmi beş kişilik bir sazende ekibi ile; ziller, kösler, davullar, borazanlar bir ağızdan ötüşüyor, develerin ardından yürüyen elli beş altmış kişilik temsilciler gurubu ise uzun ve ucu tüylerle süslü sırıklara taktıkları çeyiz ve hediye bohçalarıyla nümayişe kalkıyorlardı...

Hele sokaklar boyu geçen nahıl alayları...

Bunlar Osmanlı düğünlerinin vazgeçilmez süsleri ve takılarıydı adeta. Bahsettiğimiz düğünde tam kırk tane nahıl vardı gelin hanım için hazırlanan... Boyu yirmibeş metre, eni on beş metre olan dışı gümüş içi firuze taşlarla bezeli birinci nahıl; adeta bir dilek ağacını andıran haliyle, üzerine envai çeşit güzel çiçek, meyve, mücevher, renkli ipek ve hediyenin asılı olduğu acaip bir düğün eşyasıydı... Ayrıca onu takip eden irili ufaklı nahıllar da vardı ancak onların yüksekliği on metreyi, genişlikleri ise iki metreyi aşmıyordu. Bu görkemli nahıl alaylarının, eski İstanbul'un dar sokaklarından geçmesi bir hayli soruna sebep olmuyor da değildi. Bazı dar sokaklarda, masrafı Saray tarafından karşılanmak şartıyla bazı evlerin çatıları ve cumbaları yıkıldı da, nahıllar ancak geçme imkanı buldular... Büyük nahıl, ucundaki yüzlerce yanan mumla bazı ağaçlara zarar verdi, ağaçların dallarının tutuşması ve nahılın ucundaki bazı yüksek mumların ağaçlara takılarak kırılması, herkesin moralini bozduysa da, uğursuzluk addedilen bu hadise, düğünün gulgulesinde çarçabuk unutuldu...

Evliya Çelebi'nin aktardığına göre, kendisinin döneminde İstanbul'da elli civarında nahıl ustası ve bağlı oldukları lonca varmış... Bugün bile Eminönü'ndeki bazı ara sokakların ismi ''Nahıl''dır...

Bahsettiğimiz anlı şanlı Ayşe Sultan düğününde tam elli bin mumun yakıldığı da başka bir şaşalı dipnot...

Bu arada, Sultanahmet Meydanına kurulan düğüne has eğlence yerleri de çok curcunalıydı... İp üstünde yürüyen cambazlar, ağızlarına kılıç sarkıtan, ateş yutan adamlar, burnunda ve ayağında çömlek çeviren hokkabazlar, kaplan terbiyecileri, ayı oynatanlar, top oynayan bir fil, dans eden bir zürafa, yılancılar, şahinciler, renk renk macun ikram edenler, envai çeşit şerbeti bardak bardak servis eden sebillerle, tam bir rüya gibiydi Ayşe Sultan'ın düğünü... İp üstünde yürüyen cambaz kediyi görmeye gelenlerse, birbirini ezmiş, izdihamdan satıcıların peykeleri devrilmiş, camlar çerçeveler kırılmıştı...

Beyazıt'taki Eski Saray'da kız tarafında has kına şenlikleri tertip edilirken, damat bey de yeni evinde misafirlerine düğün ziyafetleri vermekteydi... İlk gün, üzerlerindeki yeşil yünlü harmaniler ve siyah dolama sarıklarıyla seyyidler ve şerifler ağırlanmıştır. Peygamber (sav)'in soyundan gelen bu misafirleri, herkesten evvel davet edip hizmet vermek bir padişah geleneğiydi...

İkinci günkü ziyafet ise, başta Şeyhülislam Efendi olmak üzere, ulema, din adamı ve hocaefendilerin icabet ettiği bir ziyafetti ve ardından Şeyhülislam Efendi, gelin hanımın mehrini tesbit etti ve nikah merasimini gerçekleştirdi. Kayıtlara bakılırsa, tam üç yüz bin fındık altın mehir ile nikahlanmıştı prenses...

Üçüncü günkü ziyafet ise, devlet ricalineydi ve gelenlerin atları arabaları ile dolmuştu Sultanahmet meydanı... Harem kadınları kırmızı kadifeyle kaplanmış atlı arabalarının pencerelerinden halka paralar saçıyor, en cins atlar sağlı sollu koridorlar halinde diziliyor, keselerdeki hediyeler, yol boyu dizilmiş millete saçılıyordu... Harem kadınları, tam elli ince belli cariyeyi, prensesin yeni sarayına hizmetli olarak getirmişlerdi... Her devlet görevlisi ve ailesi ile guruplar halinde intikal eden davetli konvoyunda, ailelerin arasına soylarını ayırt edebilmek için iki sıra Kur'an Kerim hattı konulmuştu. Altın ve inci ile süslenmiş rahlelerde Musaf'ları taşıyan köleler ve onlara kolculuk görevi yapanların da etrafa saçtığı hediyelerle halk tekbirler getiriyordu... Davetlilerin en arka kısmında yorgancı esnafı yürüyordu ki, on kişi tarafından taşınan gelin yatağı, altın işlemeli ve som gümüşten karyolası ve üzerindeki atlas yorgan ve kadife yastıklarla kafiledeki renkli görüntülerdendi yorgancılar da.

Aynı günün ikindi vaktine doğru yirmi beş katır beş yüz sandık içinde, yatak yastık takımları, perde, masa örtüsü ve halılar getirildi Saray'a... 21 mayıs günü ise, Rumeli Beylerbeyi ve Yeniçeri Ağası'nın birlikte yaptırdıkları iki büyük nahıl daha getirildi Saray'a. Üzerindeki mücevherler, kadife kurdeleler, renkli ipekli şifonlar, meyvalar, çiçekler, boy boy mumlar içinde, bazı dalları altın bazı dalları gümüşten büyük bir dilek ağacına benziyordu bu nahıllar...

22 mayıs 1586 günü, gelin hanım yeni Saray'ına intikal etti. Eşi, peçesini kaldırmadan kendisine refakat ederek, onu yeni evine buyur etti... Hayatları saadet ve mutluluk içinde geçti...

Ayşe Sultan, ihitiraslı kadınlar saltanatı devrinde yaşamış, bahtı açık bir prenses olarak, aynı zamanda hayırseverliği ile nam salmış bir kadın sultandır. Vefatından sonra açılan vasiyetnamesi, bunu en güzel şekilde ispatlayacak hükümdedir. Topkapı Saray arşivlerinde de kayıtlı hükmüne göre:

Defnine harcanacak masrafların dışında kalan tüm mal varlığını muhtaçlara bırakmıştır. Terekesindeki on bin akçe ile iki cariye kızın azad edilmesi, İstanbul Hapishanelerinde beş yüz ve daha az akçe borç yüzünden yatan mahkumların borçlarının ödenmesi, iki bin akçenin tımarhanelerdeki fakir hastaların ihtiyaçlarına bağışlanması, arta kalanların ise, gözleri görmeyenler, fukaralar, sakatlar ve yetimler arasında taksim edilmesini vasiyet etmiştir. Terekesindeki bir kısmı ise; Mekke, Medine ve Kudüs fakirlerine ve ilk önce kadınlar olmak kaydıyla esir düşmüş Müslümanların kurtarılması ve fidyelerinin ödenmesi şartıyla bağışlamıştır... Kendisine bağlı gerek İstanbul'da ve gerekse taşradaki köle, cariye ve hizmetlileri ise, ölümünden sonraki kırk gün içinde, derhal azad edilmeleri için hürriyetine kavuşturmuştur...

Allah rahmetini esirgemesin...

Mahpeyker Kösem Sultan *ile*
Gelini Hatice Turhan Sultan

KADINLAR koğuşunun ufak penceresi açılarak İbrahim'den olma Sıdıka'dan doğma Fedaye isimli mahkum kızı çağırdılar kadın görevliler… Fedaye, ziyaretçi beklemiyordu oysa.

Muhakemesi tamam edilmiş, suçlu bulunmuş, komşuları Bakkal Hüseyin Efendi'ye verdirdiği zarar nispetinde, beş yüz akçelik bir cezaya çarptırılmıştı. Bakkal Hüseyin Efendi, Eyüp Sultan'daki dükkanının temizlik işlerine bakan genç Fedaye'den şikayetçi olmuştu. Yetimdir diye gözetip, yanında sabahları hizmet etmesine müsaade ettiği ve beş yıldan beri de aynı işi yapan genç kız, dükkandan kaybolan pirinç çuvallarından sorumlu tutulmaktaydı… Ne kadar yemin billah ettiyse de suçsuzluğunu bir türlü ispat edememiş, analığı da kendisine arka çıkmayınca, zaten dar olan dünyası bir kere daha başına yıkılmış, mahpusluğuna hüküm kesilmişti…

Gardiyan Kalfa'sı, "hatırlı bir misafirin" gelmiş olduğunu, mübarek üç ayların yüzü suyu hürmetine şayet iyi ve makbul bir intiba bırakırsa, kendisine hüküm olarak kesilen beş yüz akçenin, kendileri tarafından ödeneceğine dair bir şeyler anlatıyordu biçare kıza... "hatırlı bir misafirdir, önünde rabıtalı durasın!" diye birkaç kere daha ihtar aldı yol boyu Fedaye...

Yüksek bir koltuk üzerinde oturan yaşlıca ama bir o kadar da güzel kadının önünde birikmiş kendisi gibi mahkum diğer yirmi otuz kadar kızın yanında ayakta dikildi Fedaye... Hepsi de Gardiyan Kalfası'ndan öğrendikleri gibi sağ elleri sol ellerinin üstünde ve hemen göğüsleri hizasında bir saygı duruşuyla önlerine bakarak diziliydiler ihtiyar kadının karşısında...

''Evladım" diye başladı yaşlı kadın; ''Mübarek üç ayların hatırına, Efendimiz Hz.Muhammed'in sallallahu aleyhi vesellemin şefaat hatırına, bugün işlediğiniz kabahatlerden dolayı canı gönülden pişman olduğunuzu bilerek, hakkınızdaki şikayetleri, şikayet sahiplerine ödemeye geldik..."

Mahkum kızlar, daha önce aldıkları emirlere binaen istiflerini hiç bozmadan dinliyorlardı Büyük Hanım'ı... Konuşması bittiğinde, yine Gardiyan Kalfa'dan öğrendikleri şekilde, tek tek önünden geçtiler. Hanımefendinin, dizinden yukarı kaldırmadığı sağ elinin önünde eğilerek, iri yakuttan yüzüğünü öptüler... Ardından kendilerine verilen bohçaların içindeki yeni esvapları giyinerek, özgürlüklerine kavuştular.

Yalnız Fedaye ile Tahsine isimli kızlar salıverilmedi. Onlar, bekçi kılıklı bir Ağa tarafından Tevkifhanenin girişindeki başka bir odaya götürüldüler. Kızları orada yaşlı bir zenci kadın karşıladı ki giyimi ve endamıyla yüksek bir hanımın nedimesi veya dadısı olduğu daha ilk başta belliydi...

Hatun kişi, odaya giren genç kızları tepeden aşağı süzdükten sonra, az evvelki Büyük Hanım'ın edasıyla girdi söze; ''Evladım" dedi, "Allah kurtarsın, Allah sizlerin kabahatlerinizi örten Valide-i Muazzama, Mahpeyker Kösem Sultan'ımızdan razı olsun!" deyince kızların şaşkınlığı bir kere daha arttı... Demek az önce elini öptükleri Büyük Hanım, Zat-ı şahaneleri imiş! İkisinin de kalbi duracak gibi oldu...

Mahpeyker Kösem Sultan, her sene mübarek üç aylar içinde borcu beş yüz akçe ve daha altındaki suçlu kadınları tek tek hikayeleri ile dinler ve Kadı Hazretlerinle istişare ettikten sonra, kabahatlarin affedilmesi için gereken cezayı bizzat kendisi öderdi... Fakat bunun için bir şartı vardı; affedilecek kadın mahkumları tek tek kendi gözüyle görmek... Zira bu iş için kimseciklere güvenemez, mahkum hallerini tetkik meselesini Saray Ağalarına bırakmak istemezdi. Tebdili kıyafet eder, bir kraliçe veya sultandan çok, hatırlı yaşlı bir hanım kılığında, hapishane hapishane gezerdi... İşte Fedaye ve Tahsine de affedilen kızlar arasındaydı ve fakat kendileri ayrıca; biri mutfak, diğeri bahçevan işlerinde hizmetli olmak üzere yüksek ihsanlara nail olmuşlardı... Fakat götürülmeden evvel, Kur'anı Azimüşşan'a el basıp, bundan sonra Sultan Hazretlerine her türlü kaydü şart altında sadakate dair yemin edeceklerdi...

Saray'a vardılar ve birbirlerini bir daha hiç görmeden vazifelerinin başında tam iki buçuk yıl sadakatle hizmet verdiler...

Günlerden bir gün; "Sultan hazretlerinin size mahsusen emrü talimatları vardır" dedi harem görevlilerinden Diltaze Kadın, Fedaye ve Tahsine'ye.

İki eski kader arkadaşı, iki buçuk yıl evvel mahpushaneden kurtarıldıkları günden beri aynı Saray'ın hizmetlileri oldukları halde, birbirlerini görmeden, görüştürülmeden yaşamışlardı, birbirlerini özlemle kucakladılar... Birisi bahçevan ağasının hizmetlilerinden, diğeri mutfaktaki ahçı kalfanın görevlilerindendi... Diltaze Kadın, onlara mahpushaneden çıkarken ettirilen yemini bir kez daha hatırlattı.

Yeni ve mühim bir görevleri olacaktı her ikisini de...

...

Valide Sultan ve gelini Hatice Turhan Sultan arasındaki rekabetin en fazla kızıştığı dönemlerdi o günler... Saray halkı; Harem-i Hümayun'dan Yeniçeri Birliklerine kadar, Vezirlerden Kazaskerlere değin, bu iki sultan kadının ardında guruplaşmışlardı.

Kadınlar Saltanatı denilen dönem, Hürrem Sultan zamanında ''haseki"lik üzerinden hükmünü yürütürken, Kösem Sultan zamanında *"valide sultan; mehd-i ulya-yı saltanat"* namıyla yürütüyordu nüfuzunu...

Mahpeyker Kösem Sultan, sadece güzelliği ile değil, sempatik davranışları ve özellikle güzel sesi ve musiki bilgisiyle de Sultan 1. Ahmet'i derinden etkilemiş, ardı ardına dünya getirdiği çocuklarıyla hasekiliğe yükselmiş bir kadındı...

Oğulları 4. Murat, İbrahim ve torunu 4. Mehmet zamanında ise, Valide Sultan olmuştu... 4. Murat'ın çocuk denecek yaşta tahta çıkmış olması ki Padişah olduğunda sadece on iki yaşındaydı, devletin idaresini tam on seneye yakın kendisi üstlenmişti. 4.Murad, padişahlığını yapacak duruma geldiğinde de oğlunu etkilemekten asla vazgeçmedi Valide Sultan... Ama iktidar hırsı konusundaki asıl şöhretini, diğer oğlu İbrahim zamanında edinmişti. Henüz prenslik günlerinde geçirdiği ruhi depresyonlar yüzünden zaten hastalıklı bir yapısı olan bu padişah, devlet işleriyle hepten ilgilenmez, günlerini cariyeler arasında neşe içinde geçirirdi...

İşte Hatice Turhan Sultan, bahsettiğimiz Padişah İbrahim'in baş hasekisi idi... Tatarların düzenlediği bir seferde ele geçirilmiş genç bir esireyken, güzelliği ile dikkat çekmiş ve kör Süleyman Paşa tarafından Kösem Sultan'a hediye edilmiş bir savaş kölesiydi Turhan Sultan... Bizzat Kösem Sultan tarafından gözetilerek özel bir eğitimden geçirilen esir kız, kısa zamanda saray kuralları ve görgüsü çerçevesinde terbiye görerek, yine Valide Sultan tarafından kendisine bahşedilen Hatice Turhan ismiyle genç Padişah İbrahim'e takdim edilmişti...

Dikkat çekecek dercede beyaz teni ve iri mavi gözleri, bukleli kumral saçları ve upuzun boyuyla, diğer kızlar arasından hemen fark edilen Hatice Turhan, Padişah'ın yeni gözdesiydi artık... Fakat kısa zaman içinde kocasının üzerindeki etkisi fark edilince, bir güçler ve siyasetler ustası olan Kösem Sultan tarafından geri plana düşürülme taktikleri ile karşılaştı Hatice Turhan Kadın...

Hatice Turhan Sultan, kocasını sürekli denetleyen ve onun üzerindeki nüfuzunu her defasında güzel ve genç başka cariyeler aracılığıyla kırma politikası güden kayınvalidesi Kösem Sultan ile arasını giderek açıyordu... Hatta oğlu prens 4.Mehmet'i dünyaya getirdikten sonra, Padişah İbrahim, kendisini iyiden iyiye görmez olmuştu... Hatice Turhan Sultan, önceleri bu işe çok üzülüyor, gözden düşmüş olduğunun hüznü ile yemeden içmeden kesiliyordu ama terbiyeli ve alçakgönüllü haliyle Harem'deki Ağa ve kalfaların da tuttuğu bir başhasekiydi...

Tabii Harem'de kimse kimseyi boşa tutmaz, kimse kimseye boşa düşmanlık etmezdi... Kadınların arasındaki guruplaşma da, erkek görevlilerin arasındaki kadrolaşma da hep siyasi entrikalar eşliğinde işliyordu ve asıl mücadele Kösem Sultan'a bağlı ekiple Turhan Sultan'a bağlı ekip arasında cereyan ediyordu...

Genç Sultan Hatice Turhan'a akıl veren bu güçler, onun da artık bir Valide Sultan olduğunu fısıldıyorlardı kulağına genç kadının... Fakat kendisi oldukça tecrübesiz bir kişiydi Kösem Sultan'a kıyasla...

Nitekim eşi ölüp, oğlu 4.Mehmet tahta çıkınca, babaanne olan kösem Sultan'ın Beyazıt'taki Eski Saray'a taşınması icap ettiği halde, asla yerinden oynamamış ve bu sefer de Saray, iki Valide Sultan'lı bir hale gelmişti... Yeniçerileri memnun etmeyi kendisine her zaman bir ödev bilmiş olan Kösem Sultan, ardındaki askeri desteğe de güvenerek, gelinine karşı Valide-i Muazzama ünvanını taşıyarak, Saray işlerine hükmetmeye devam ediyordu... Tam 28 yıldır, önce oğulları, ardından torunu zamanında devlet idaresinden çekilmeyen bu kadın sultan, artık geliniyle ipleri koparmak üzereydi...

...

İşte, o gün, Fedaye ve Tahsine de, Hatice Turhan Sultan'a karşı tertip edilecek son entrika için seçilmiş görevlilerdi...

Kösem Sultan'ın gelini için hazırlattığı zehirli yemeği Turhan Sultan'a götürmekle görevlendirileceklerdi... Tabii kendilerinin tasarlanmış bu cinayet konusundan haberi olmadığı için, Kösem'in bağlılarından Diltaze Kadın'ın sıkı talimatlarına rağmen, Tahsine heyecanından olsa gerek, dilini tutamamış ve bir devlet olarak gördüğü bu yeni vazifesini, kendisi gibi bahçevan görevlilerinden birine, söyleyivermişti... Derhal Bahçevan Ağası'na yetiştirilen bu haber, aslen Turhan Sultan tarafındaki Ağa'yı şüphelendirmiş, bunun üzerine Ağa, Tahsine'yi derhal sorguya çekmiş ve durumun vehametini hemen hissederek Turhan Sultan'a bağlı İç Ağa'larına intikal ettirmişti...

Tahsine ve Fedaye ise, kendilerini mahpushaneden kurtaran Valide Sultan'a hakikaten kalpten bağlı kızlardı, ne yazık ki ne olup bittiğini anlamadıkları bu entrikada önce onların dilleri kesildi, ardından da yarım kalan bu cinayet teşebbüsü tersine çevrilerek İç Ağalar harekete geçti ve Kösem Sultan'a karşı kanlı bir darbeye dönüştü...

...

Kösem Sultan, gelini Hatice Turhan tarafından siyaseten katledildi...

Kösem Sultan, devlete 28 yıllık kesintisiz hükümet ettiği günlerinde, salt siyasal entrikalar peşinde koşan bir kadın değildi... Onun halk yararına yaptırdığı hayır hasenat eserleri, Osmanlı Devletinin halkla ilişkileri mahiyetinde, teba tarafından oldukça makbul karşılanan hizmetlerdi...

İstanbul'da ve taşrada yaptırdığı pek çok çeşme, Üsküdar'daki Çinili Cami ve müştemilatı olan mektep, hamam, darül hadis ve sebiller, Anadolu Kavağı'ndaki Valide Medresesi ve Camii ile Çeşme'si, Çakmakçılar Yokuşu'ndaki meşhur Valide Han onun yaptırdığı eserlerdendir...

Ayrıca mahkumların borçlarını sildirtip onları azad ettirmesi, fakir kız ve cariyeleri ceyizlerini de düzüp evlendirmeyi pek sevmesi, halk nazarında onu, sevilen bir kadın Sultan yapmıştı... Nitekim vefatı akabinde eşi 1. Ahmet'in türbesine yatırıldıktan sonra, bir müddet, *"Valde-i Şehide"*, *"Valde-i Maktule"* olarak anılması da bundandır...

Tarihçilerin nazarında ise her zaman siyasi ihtirası ve şerli entrikalarıyla anılmış bir kadındır... Kişisel hırslar, tarihi yazgıda elbette önemlidir, fakat Osmanlı Devlet'ine has erkek çocuklar ve erkek akrabalar üzerinden işleyen Saltanat anlayışının da bunda payı olduğu açıktır. Nitekim, başka erkek evlat olmaması sebebiyle çocuk denecek yaşta kişilerin tahta geçmek zorunda kalışı (4. Murat gibi) veya akli dengesi veya bünyesi padişahlığa uygun olmadığı halde başa geçirilen kişiler (İbrahim gibi) de Kösem Sultan gibi Kadın Sultan'ların daha aktif bir şekilde yönetime el koyması sonucunu doğurmuştur...

Nitekim bu yaşanılanların salt kadın hırsı üzerinden işlemediği Hatice Turhan Sultan döneminde daha açıkça belli edecektir kendisini...

...

24 yaşında kayınvalidesinden boşalan yeri doldurarak Harem'in başına geçen Hatice Turhan Sultan, aslında devlet işlerinde ne kadar tecrübesiz olduğunu, kendisi de bilmektedir...

Önceleri, kayınvalidesine yönelik darbe girişimini de tertip etmiş olan Kızlarağası Uzun Süleyman Ağa ve Meleki Kalfa'nın etkisiyle, devlet işlerinde onların isteğine göre hareket eder... Bu dönemde rüşvet ve yolsuzluk had safhaya varır, liyakatsiz atamalarla devlet ciddi bir krize girer... Oğlu padişahın yaşı küçük olduğundan, aziller ve tayinler bizzat onun hatt-ı hümayunları ile çıkmaktadır. Artık her şey onun elindeki mührün altındadır ve mühründe şunlar yazılıdır: *"Mazhar-ı Lütf-i Samed/ Valide-i Sultan Mehmed."*

Ne var ki Turhan Sultan, kayınvalidesi gibi devlet işlerinin yönetimini seven hırslı biri değildir ve çok güvendiği Mimar Kasım Ağa'nın da tavsiyeleri üzerine Köprülü Mehmet Paşa'yı Vezir-i Azamlığa getirir... Köprülüler devrinde, kendisi devlet işlerinden el ayak çeker, ibadete ve hayır işlerine yönelir...

Çanakkale Boğazı'ndaki Kaleleri yaptırtır. Eminönü'ndeki Yeni Cami'yi tamamlattırır, Darül Hadis, mektep, sebil ve en önemlisi çarşıyı inşa ettirir. Çanakkale'deki Cami Kütüphanesine pek çok önemli kitabı vakfeder...

Kadınlar Saltanatı olarak belirlenen dönemin salt kadın sultanların ihtiraslı yapısıyla değerlendirmesi bizi tarihi gerçekçilikte alıkoyar... Saltanatın erkek çocuklar üzerinden devam etmesi esasına dayalı Osmanlı Devleti'ne has "üreme politikası" da böylesi kriz dönemlerinin doğmasına yol açmıştır. Padişah babalarla şehzade evlatların ve kardeşlerle kardeşlerin arasının giderek açılmış olması, birbirlerini siyasal rakip olarak gördüklerinden dolayı, zaman zaman "kardeş veya evlat katlinin" siyaseten cari olması gibi sebeplerden, baba-oğul ilişkilerinin yerini ana-oğul ilişkileri almıştır...

Dönemin Kadın Seyyahı
LADY MARY MONTAGU'nun
Günlüğünden...

Benim İstanbul'u nasıl sık sık dolaştığımı merak edersiniz. Türk kadınlarının örtüsünü seviyorum, sevmesem de en büyük arzumu tatmin etmek için buna katlanıyorum. Ayrıca İstanbul'a gitmek için geçilen deniz, Chelsea'ye gitmek için geçilen Thames'e benzemiyor. Boğaz içinden inerken yirmi mil kadar uzaklığa bakış çok güzel, çok renkli. Dünyada bir eşi daha yoktur. Meyve ağaçlarıyla dolu Anadolu sahili bir köy manzarası arzediyor. Rumeli sahilinde de yedi tepe üzerinde İstanbul görülüyor.

İstanbul çok büyük şehir. Kurulduğu yer düzgün olmadığı için, olduğundan daha büyük görünüyor. Burada birbirine güzel bir şekilde karışmış bahçeler, çamlar, serviler, saraylar, camiler, velhasıl tıpkı bir büfeye düzgün birşekilde yerleştirilen çeşitli tabak, şamdan ve çeşitli eşyaların görünüşü gibi. Bu benzetme tuhaf ama doğrudur. Sarayı görebileceğim kadar gördüm. Denize doğru uzanmış bir arazi üzerinde şekli gayrimuntazam, fakat çok geniş. Bahçeleri gayet yüksek servilerle dolu ve gayet büyük. İşte görebildiklerim. Üzerinde ufak kuleler ve piramitler yükselen binalar beyaz taştan ve oldukça güzel bir tesir bırakıyor. Hıristiyanlık aleminde bu sarayın yarısı büyüklüğünde bir sarayı olan kral yoktur. Sarayın ağaçlarla süslü taş galerilerle çevrilmiş altı büyük avlusu var. Bunlardan birincisi bekçiler, ikincisi köleler, üçüncüsü aşçılar, dördüncüsü seyisler, beşincisi divan, altıncısı huzura kabul edilecekler için. Sarayın kadınlar kısmında ise bir bu kadar daha avlu var. Harem ağaları, subaylar ve aşçıların daireleri ayrı.

Ayasofya saraydan sonra ikinci derecede meşhur. Fakat bir Hıristiyan burayı görmekte güçlük çeker. Kaymakama üç defa müracaat ederek izin istedim. O da ulema efendileri toplamış, isteğinin kabul edilip edilmeyeceği hususunu müftüden sormuş. Bu onlar için o kadar önemli bir şey haline gelmiş ki, üç gün tartışma yapılmış ve nihayet ısrarımıza rıza gösterilmiş. Diğer camilere Hıristiyanlar hiçbir zorlukla karşılaşmadan girdikleri halde Türkler bu cami için neden bu kadar endişeleniyorlar, anlamıyorum. Burası daha önce kilise iken cami haline çevrildiği halde, mozaik halinde olan ve artık enkaz halini almış bulunan azizlerin tasvirlerine dua edilirse camiin kutsallığı bozulur diye düşünüyorlar herhalde. Türklerin İstanbul'da buldukları bütün tasvirleri yok ettikleri yolundaki sözler tamamen yalan. Bu camiin yüz on üç ayak çapında olan kubbesi fevkalade büyüklükte mermer direklere dayanan kemerler üzerine inşa edilmiş. Taşları ve döşemeleri hep mermer. Çeşitli renkte mermer direklere dayanan iki dehliz var. Kubbe, mozaikten, fakat kısmen harap olmuş. Bu mozaikten getirip gösterdikleri parçalar, cam gibi veya avantorin yapılan bir terkip gibi görünüyor.

İmparator Konstantin'in mezarını da gördüm. Türkler buna çok hürmet ediyorlar."

Rum bakkal, Ermeni kuyumcu, Yahudi tüccar, Cenevizli balıkçı, İtalyan mimar, Fransız oda hizmetçisi, Arap kayıkçı, Rus garson derken kente egemen olan genel doku da gözler önenü serilmektedir aslında. Bütün bu cemaatlerin kendi hayatiyet alanlarına sahip olması kadar, söz konusu hayatiyet alanlarının varlığını birarada sürdürebilmesi de dikkat çekmektedir. Layd Mary Montegu ise daha ziyade İstanbul sokaklarında konuşulan dillerin zenginliği karşısında şaşkınlık ve biraz da endişe içindedir:mk

"Sonunda hiçbir dili öğrenemeyeceğim. Bulunduğum yer Babil Kulesi'ne benziyor. Beyoğlu'nda Türkçe, Rumca, Yahudice, Ermenice, Arapça, Acemce, Rusça, İslavca, Ulahça, Almanca, Felemenkçe, Fransızca, İngilizce-İtalyanca ve Macarca konuşuluyor. Bu da beni bir hayli sıkıyor. Subaylar Arap, oda hizmeti yapan kızlar Rus, uşakların İngiliz, Fransız, Alman, çocuğumun süt ninesi Ermeni, yarım düzine de Rum hizmetçim var. Yemek müdürü İtalyan, Yeniçeriler Türk. Adamların arasında, devamlı olarak kulaklarıma gelen sesler garip bir tesir yaratıyor. Okuma yazma bilmedikleri halde, bu çeşitli dilleri öğreniyorlar. Buradaki kadın, erkek hatta çocuklar arasında aynı kelimeyi beş, altı lehçe ile söyleyemeyecek olanına rastlanmaz. Üç dört yaşındaki çocuklardan bile İtalyanca, Fransızca, Rumca, Türkçe ve Rusça konuşanlar var. Sütnineler ekseriya Moskof olduğu için Rusça'yı öğretiyorlar. Bütün bunlara inanmazsanız ama hakikat. Memlekette en fazla dikkati çeken şey bence budur. Fransızca ve İtalyanca'yı yarım yamalak konuşup da kendilerini dahi zanneden İngiliz kadınları bunları görürlerse kahrolurlar (...)

Çarşıların binaları çok güzel. Burada hep direkli dehlizler yapmışlar. İçleri son derece temiz. Her cins ticaretin kendine ait bir dehlizi var.

Mallar Londra çarşısındaki gibi sergileniyor. Bedesten denilen kuyumcular çarşısı her türlü mücevherle dolu. Bunlar insanın gözünü kamaştırıyor. Gayet parlak işlemeler de var. Birçok insan buralara sadece bunları görmek için geliyor. Çarşıların pekçoğu gayet güzel karelerden müteşekkil. Zannederim hepsi de dünyanın diğer memleketlerinden fazla, zahire dolu. Benden cariyelere ait özel bilgiler istersiniz. Fakat Hıristiyanların anlattıkları gibi bunların hali müthiş diyemeyeceğim. Türk değilim, ama talihsiz cariyelere gösterilen iyi muameleyi de takdir ederim. Cariyeler daya yemiyorlar ve esaretleri de diğer memleketlerdekilerden fazla değil. Kendilerine kefalet parası verilmiyor ama elbiselerine yaptıkları masraf, bizim hizmetçilerimize verdiğimiz paradan fazla. Zannederim burada, erkeklerin kadınları kötü niyet ile satın aldıklarını söyleyerek itiraz edersiniz. Fakat büyük Hıristiyan şehirlerinde bundan daha az alçakça bir niyetle mi satın alıyorlar?

***

İstanbul ile Halkeduan arasındaki deniz o kadar güzel ki, Türkler kıyılarına sayfiyeler yaptırmışlar. Oralardan Anadolu ve Rumeli çok güzel görünüyor. Burada yanyana yüzden fazla saray var. Her yerdeki gibi burada da talih daima dönek olduğu için umumiyetle üç tuğlu bir paşanın varisleri babalarının kendilerine bıraktıkları evleri idare edemiyorlar. Bu yüzden en güzel saraylar bile çok geçmeden harab oluyor. Petervaradin'de şehit olan sadrazamın sarayını görmeye gittim. Şimdiki padişahın kızı sultan için yapılmış ama, paşa bu şerefe eremeden ölmüş. Size buradan bahsetmek istiyorum.

Bütün çalışmalarıma rağmen size bütün doğruluğu ile anlatamayacağım diye korkuyorum. Sarayı deniz kenarında, yapılabilecek en güzel yerde inşa etmişler. Ağaçlık bir tepenin eteğinde ve çok büyük. Kapıcının dediğine göre, sekiz yüz odası varmış. Bu kadar olduğunu pek tahmin etmiyorum ama sayamadım. Yalnız çok fazla odası olduğunu söyleyebilirim. Hemen hepsi fevkalade ziynetlerle süslü. Mermer, yaldız ve boyanın en iyileri bol bol kullanılmış. Camlar İngiltere'nin en iyi billurundan yapılmış. Burada görülen ihtişam, ziynet ve debdebeye boğulmuş geniş ve muhteşem bir imparatorluğun bütün servetlerini elinde tutabilecek, ihtiraslı bir gencin sarayında görülebilir.

Hiçbir şey bana hamam dairesi kadar zevk vermedi. Aynı tarzda yapılmış karşılıklı iki hamam var. Kurnaları, çeşmeleri ve zemini tamamen beyaz mermerden. Tavanları yaldızlı, duvarları çini kaplı bu dairelerin yanında iki salon var. En yüksekte olanı sete benziyor. Dört köşesinde tavandan beyaz mermer kurnalara dökülen sular etrafı küçük borularla çevrili geniş bir havuza toplanarak bina boyunca fıskiyeler meydana getiriyor. Çiçek parmaklığı şeklindeki duvarların etrafına, dışarıdan hanımelleri ve asmalar dikilmiş. Bunlar yeşil bir halı gibi bu güzel daireleri gölgelendiriyor.

Sizin merakınızı çekecek olan diğer daireleri de anlatırdım; fakat Türk saraylarını tasvir etmek çok zor. Çünkü bunlar umumiyetle muntazam olmayan bir şekilde yapılmışlar. Bu inşa tarzı göze hoş görünmekle beraber, tarif etmekle anlaşılmıyor. Padişahın kızını görmeye geldiği zaman kaldığı oda, sedef kakmalı ve çivi görünüşünde zümrütlerle süslü. Bu sarayın, duvarları sedef ve zeytin ağacı kakmalı başka daireleri de var. Bazıları çini kaplı, pekçok sofaları var. Hepsi de gayet geniş. Duvarlarda çiçek saksıları ve çeşitli yemişlerle dolu çini kapların resimleri var. Hepsi de alçıdan. Görünüşleri o kadar ince ve tabii ki, bunların sanat eseri olduklarına inanmak mümkün değil. Bahçeler de saraylar kadar muhteşem. Zarif bir ahankle düzenlenmiş yeşil kameriyeler, ağaçlar ve havuzlar var. Yalnız heykel yok. Görüyorsunuz ki, bu millet zannettiğiniz kadar vahşi değil. Zevklerin bizimkinden farklı olması kötülüğünü mü ispat eder.

"Çaresiz dertlere düştüm..."

Gülcemal Sultan

1911 Çırağan Sarayı, Rıhtım:

Sultan Reşat, Kanadalılardan satın alınarak 'Seyri Sefain İdaresi'ne geçirilmiş gemiye baktı uzun uzun. Gözlerinden bir damla yaş süzüldü sonra...

"Anacığımın ismini verelim, adı Gülcemal olsun!" dedi.

142 metre boyu, dört direği ve iki bacası ile Osmanlıya ve İslamlığa yeni ihtida etmiş, görkemli bir kadın sultan gibiydi Gülcemal Gemisi... Gülyüzlü anlamına gelen bu yeni adıyla gemi, sultanın isim annesi olan Gülcemal Kadın Efendi'nin dillere destan güzelliğine de atıf yapıyordu.

Gülcemal Gemisi, yeni mensubu olduğu millete, bir gemiden çok neredeyse bir fert kadar yakınlaşacak, bilinen ve tanınan bir tarih yazacaktı bu ilk gününden sonra... Hemen hemen her zor günümüzde yanımızda bulacağımız bir dert ortağı gibi çalışacaktır denizlerimizde. Mesela; Çanakkale Savaşlarında, torpillendiği halde muhariplik onuruna asla leke sürdürmeyen, keza; 1924 Balkan Mübadelesinde tam beş yüz bin soydaşımızı Gelibolu'ya ve Karadeniz'e taşıyan cefakâr, Gülcemal, 1956'ya kadar sürecek maceralarla dolu hayatıyla, milli tarihimizin önemli bir siması olacaktı...

Gemiler, kadınlara benzer...

Taşıdığı yükü, sağ salim limanına teslim etmek için çırpınır kadınlar da gemiler de...

Sultan Reşat'ın annesi Gülcemal Hanım ise; Padişah Abdülmecid'in en çok sevdiği hanımlarındandır... Arnavut asıllı olduğu yazılı tarihî kayıtlarda. Osmanlı Prenseslerinden Fatıma Sultan ile Refia Sultan'ın ve Padişahlardan Sultan Reşat'ın biricik anneleridir. Sultan Reşat, annesinden gelme Arnavutluğu, 1911'de çıktığı Kosava Seferi'nde cihana ispat etmiş ve Balkanları 'baba' lakabıyla belki de son kez derleyip toparlamışsa, hep annesinden aldığı terbiye ve yetişme imkanları sebebiyledir...

Allah Teala, Gülcemal Sultan'a, 100. Halifenin annesi olmayı bağışlamıştır.

Abdülmecid'in; *"Kendisine karşı, kalben en hakiki muhabbeti hissettiğim zevcemdir, gençliğimden beri kendisine bütün kalbimle bağlandığım bir hanımdır"* şeklinde iltifatıyla tarihe geçen bir kadın sultan...

Narin yapılı, boyu ve saçı uzunca, dişleri ve gözlerinin akı oldukça beyaz bir hatun imiş. Akıllı, sanatkar, iyi huylu ve eşine aşık imiş. Görümcesi şaire Adile Sultan ile şiir münazaraları yapar, karşılıklı Divanlar okur, Mevlitler okutur, sadakalar dağıtır imiş...

"İsimler, talihleri de yazar" der büyüklerimiz. Gülcemal Gemisi'nin nice meşakkat, cefa ve vefa ile göğüs gerdiği zorluklar, ona isminin banisi Gülcemal Kadın Efendi'den yadigar gibidir.

Her bir paresine ağular saplanmış, her bir cephesinden ilk ricat akınları başlamış; Osmanlı'nın zor günleri... Herkes aynı soruyu soruyor: Yenilgilerimizin sebebi nedir? Akabinde, her kafadan ayrı ses, kimi 'Şeriat'ten ayrıldık da Hüda imtihan eyliyor bizi', der... Kimi 'Avrupa Şeraitine geçmek lazımdır', der. Ortadakilerse 'biz İslamız ama Avrupa'nın ilim ve fennini almak icap eder', demekte... İşler karışık, yeniliyoruz! Üstelik bu yenilgi salt Osmanlı'ya has bir kaybediş de değil. Zira; geniş hinterlandı ve hilafet gibi bir İslami temsil yetkisini taşıdığı için, Osmanlı'nın kaybedişi; tüm doğuların ve İslam toplumlarının da yenilgisi olarak anlamlandırılıyor...

3 Kasım 1839, Topkapı Sarayı, Harem:

Harem görevlilerinden Mercan Kadın, elindeki tütsüyü, ağız dersi ezberleyen kızların arasına bırakırken, aşrı şerifini tekrar eden 'Arnavut Sofi' ile göz göze geldi. Kısaca selamlaştı iki kadının gözleri... Cebinden çıkardığı nazar muskasını, diğerlerine fark ettirmeden genç kızın eteğinin ucuna bıraktı yaşlı kadın.

Saray'a yeni avdet etmiş bu güzel kızın, Padişah'ın ilgisini çekmesi çok zaman almamıştı. Ama bazı kem gözlüler, sürekli nazar ve fesatla uğraştıklarından, kızın gül cemali, sık sık solup hasta düşüyordu...

Halbuki, haremin müneccimleri de haber vermişti; rüyalar gösteriyordu ki, bu güzel kızın talihi Süreyya yıldızı gibi parlak ve yüksek olacak. Üzerinde 've in yekadüllezine' ayetleri yazılmış safranlı kağıttan bükülme muskayı, usulca bırakıvermişti Mercan Kadın... Gözlerinin ta içine bakmıştı genç saray gözdesinin. Bu iyiliğinin ve desteğinin karşılığını elbette bekliyordu Mercan Kadın. Onun gözlerindeki heveskar ışıltıdan ürktü Gülcemal. Ürktü de titreyiverdi. Ama ne olursa olsun Mercan Kadın'ın desteğinden başka bir sırdaşı yoktu halihazırda. Saray'da yeniydi ve dikkat çekici güzelliği ve yetenekli halleri kıskançlığa sebep oluyordu...

Aynı anda Gülhane tarafından tam 101 pare top atılınca, Harem'in duvarları adeta zelzele lisanı ile konuşmaya başladı: Gümbür! Gümbür!

Kızlar, korkuyla sağa sola kaçıştı, bazıları bayıldı, bazıları kıyametin koptuğunu zannederek tekbir getirmeye başladı.

Hiçbirinin haberi yoktu ne olduğundan...

Gülcemal'in elindeki cüz, yere düştü.

"Korkmayın" dedi sarayın gediklisi Mercan kaçışan kızlara. "Korkacak bir şey yok: Ferman okundu."

Kızların bilemediğini Mercan kadın elbette biliyordu.

Ferman'ın okunduğu gece gerdeğe girdiler, Gülcemal Hanım ile Padişah Hazretleri. Bundan takriben bir yıl kadar sonra, 1 Kasım 1840'ta ilk bebekleri Fatıma Sultan dünyaya geldi. 1842'de nurtopu gibi ikinci kızı; Refia Sultan'ı ve 1844'de 100. Halife olarak tarihe yazılacak Sultan Reşat'ı dünyaya getirdi...

Osmanlıyı önce kafasına göre 'Tanzimat Fermanı' ile tanzim

edecek, ardından da kendi bildiğince 'İslahat Fermanı' aracılığıyla islah etmeye kalkacak Avrupai el atmaların en yoğun olduğu günlerin başıydı, Gülcemal'in ikbal dönemi. Top güllelerinden korkarak Kur'an cüzünü elinden düşürdüğü o meş'um, o uğursuz günü her hatırladığında, hep euzu besmele çekip Aytelkürsi okuyacaktı bundan sonra Gülcemal Kadın...

Padişah Abdülmecid ise, yenilikçi tabiatıyla bilinirdi. Kendisi gibi yenilikçi sadrazamları aracılığıyla yaptığı talihsiz değişimlerle hatırlana geldi bugüne değin... Oysa dünya değişiyor ve Hıristiyan Avrupa, giderek Osmanlı'nın geniş ama hantal hinterlandı karşısında, kararlı bir blok haline geliyordu. Fransızlar Katolikleri, Ruslar Ortodoksları kışkırtıyor, Fermanlar aracılığıyla Hıristiyan tebanın kazandığı yeni haklar, Orta Doğu ve Afrika'daki Müslümanların asabını bozuyordu. Herkesin beklentisi vardı, hem içerdekierin hem dışarıdakilerin...

Gülcemal Hanım ve diğer sultanların ise hiç haberi olmadı bu kargaşalardan, onlara hiç hissettirilmedi ama, tarihinde ilk kez Beyoğlu'ndaki bankerlerden borç almak zorunda kalan Osmanlı'yı yatağa düşürecek ilk öksürük günleri çoktan gelip çatmıştı...

Ve verem...

O dönemde ölümün sarışın ve soluk elleri gibi gezinmeye başlamıştı Payitahtın koynunda. Fakir, zengin, berduş, sultan ayırt etmeden, kötü bir talih gibi, her ocağın bağrına sinsice giriveriyordu...

Saray Doktoru Şpitzer, çoktandır hastalığını işittiği, Padişah Hazretlerinin muhterem refikası Gülcemal Hanım Sultan'ı kontrol ve muayene etmek üzere Harem'e çağrılmıştı. Saray görevlileri, her ihtimale karşı protokol kurallarını kendisine bir kez daha dermeyan ettiler. Kendisi, Kadın Sultan'a ancak bir kafes arkasından yaklaşabilecekti, Mercan Kadın aracılığıyla Hanım Sultan'ın şikayetleri kendisine aktarılacak, şayet Gülcemal Hanım yüksek müsaadeleri ile kendisine yol verirse, Şpitzer, huzura çıkabilecekti. Ama huzur...

Ancak dört arşın (yaklaşık 2,5 metre) ile kayıtlıydı. Kafasını yerden müsaade almadan, asla kaldırmayacaktı, sürekli önüne bakacaktı; hele ki cemale doğru nazar kılmak zinhar yasak idi... Şpitzer, kellesini vücuduna bağlayan boynunda feci bir korku hissetti, talimatları dinlerken. Gözlerini kendisine dikmiş zenci köleyi ve diğer protokol görevlilerini tedirginlikle selamladı.

Ecnebi doktor, kendisine gösterilen kafesin arkasına adeta büzüldü. Mercan Kalfa, oldukça serbest bir edayla Gülcemal Kadın Sultan'ın ve biricik mahdumu Sultan Mehmet Reşat'ın iştahsızlıklarından, öksürüklerinden bahsediyordu. Şpitzer, hasta sultanların yüz renklerini ve gözlerinin beyazını sordu. "Ahval nedir?" Mercan Kalfa, doktorun yerine Sultanların gözlerine bakıp, renkleri hakkında malumat verecekti kendisine.

Bu konuşmaların üzerine, kurşuni tülden dantelaların arasından, ince kısık sesi duyuldu Gülcemal Hanım'ın. Doktor Şpitzer'i, muayene için huzura kabul edecekti... İçindeki tedirginlik ve bin bir korkuyla, Sultan emrini yerine getirdi hekim. Bacakları titriyordu, kafasını yerden zinhar kaldırmadan, hastaların yüz ve göz kont-rolünü nasıl yapacağını doğrusu bu ya kendisi de bilmiyordu...

Şpitzer'in günlüğünden okuyalım gerisini: "Sultan Hazretleri, yüzüne örtülü şalı bizzat kendileri açtılar. Bana kendilerinin cemaline sadece bir kez ve kısaca nazar etmem talimatı verildi. İşte o zaman karşımda öyle güzel bir kadın yüzü göründü ki, ömrümde böylesini görmedim". Doktor Şpitzer, küçük veliahtı ve Sultan'ı kısmen iyi edecek reçeteleri hazırlatır. Ama bu illet, yakasını bırakmaz Gülcemal'in...

Safer ayı, imtihan ayıdır derler. 1851 yılında, 21 Safer günü kendisi dâr-ı bekaya sefer eyler.

Ocak 2007, Karaköy, Deniz Müzesi:

1956'da uzun yorgunluklardan sonra seferden kaldırılıp imha edilmiş Gülcemal Gemisi'nden, geriye demek bu piyanodan başka hiçbir şey kalmamış. Kimse fark etmeden si-bemol'e basıyorum. İçime hicrete dair melankolik hisler doluyor... "Çaresiz dertlere düştüm..." diyorum kendi kendime...

Gülcemal Gemisi, -Sultan Gülcemal'in de kaderinde yazıldığı gibi- aramıza uzaklardan ihtida ederek girmiştir. Uzun yıllar, Amerika ve Kanada'da seferlere çıkan bu meşhur gemi (Titanic'in bir eşi olarak aynı vapur şirketi tarafından inşa edilmiştir), en sonunda Osmanlı'ya intikal etmiş ve hem onun hem de bakıyesi genç Türkiye'nin en zor zamanlarını taşımış, milletin hizmetkarı olmuştur.

Bizlerin ve bugünün nazarında her biri de kahırsız birer 'saray güzeli' mahiyetinde algılanan, soyut ve oryantal bir masal gibi perdelerle örtülü bu Sultan Kadınlar, Takdir-i İlahi gereği, önce devleti ve hilafeti, ardından saltanatı ve mührü tarih içinde taşıyan sefineler gibidir...

Sultan Reşad'ın "anacığımın ismini verelim" dediği Gülcemal Gemisi, benim haminnelerimi ve soydaşlarımı taşıyan hazin bir muhacir hatırasıdır. Çaresiz dertler başlığında; anadan, vatandan, arkadaştan ve sevgiliden ayrılmanın tüm içli dertlerine şahit olmuş sultan kadınların kaderi, bu güzel geminin kaderiyle eşleşmektedir...

Gülcemal Kadın Sultan, tüm muhacirlerin annesi olarak, yangın meydanlarından ve ricat günlerinden geçen en acılı dönemlerimizin hayırsever, dini bütün bir hanımı olarak, "devlet taşıyan" sefinelerden bir sefinedir... Allah rahmet eylesin.

Mühürler, Yüzükler, Sultanlar

"Muhabbetten Muhammed oldu hasıl
Muhammed muhabbetten ne seza Hamil
Zuhurunda Bezmialem oldu vasıl"

II. MAHMUD'un sultan kadınlarından Bezmiâlem Sultan'ın üçüncü mühründe yazan yukarıdaki beyitler, aslında "gönlü bol" şeklinde nam salmış bu iyiliksever kadının hayata bakışını da yansıtıyordu...

İlk yüzüğünü genç bir gelinken "*Bezmiâlem*" şeklinde yontmuştu Saray'ın yakut ustaları... Sağ işaret parmağına taktığı bu yüzük, Bezmiâlem susarken bile konuşan bir iktidarın simgesiydi... Osmanlı Sultanları, Hazreti Belkıs'tan mülhem bir sultan adeti olarak taşıyorlardı bu mühürlerini...

Bezmiâlem Sultan, oğlu Abdülmecid'i doğurunca, saray mücevheratçılarına ikinci bir emir verildi. İçi yakut, çevresi elmaslarla süslü bu yüzük, aynı zamanda bir saltanat mührüydü ki üzerinde: "*Devletlü, iffetlü-valde sultan-ı âlişan hazretleri 1255*" yazılıydı...

Bezmiâlem Sultan, oğluna çok düşkün bir anne olarak, özellikle oğlu İstanbul dışında olduğunda ona düzenli olarak mektuplar yazarak devlet işlerinden haberler verirdi... Şehzadelik günlerinden itibaren, imparator babalarından çok annelerine bağlı olarak yaşayan veliahtlar, günün birinde padişah olduklarında annelerine olan bağımlılığı devam ettirirlerdi. Tarihçiler tarafından acımasız şekilde eleştirilen "valide sultan"lık konumu, aslında şartların ve hanedan nüfus politikasının getirdiği doğal bir sonuçtu. Babalarından çok anneleriyle hayat geçiren genç prensler, tacı taktıktan sonra da annelerinin sözlerini hep önemsiyorlardı. Taht kavgaları ve siyasi kamplaşmalar zaman zaman baba-oğul ilişkisini alt üst edici şekilde acı tecrübeleri de yaşatmış olduğundan, padişahla şehzadelerin arasında doğal bir baba-oğul ilişkisi oluşamıyordu... Oysa Valide Sultanların kaderi oğullarıyla yazılmış gibiydi...

Bezmiâlem Sultan, halkın en çok sevdiği Kadın Sultanlar'dandır desek hata olmaz... Zira fakirleri, hastaları ve yolcuları her zaman gözeten hayırsever bir annesiydi şehir halkının...

Yaptırdığı "Gureba [Garipler] Hastanesi" bugün bile hayırla hizmet veren tam teşekküllü bir hastanedir. İlk yapıldığı gün bile yüz kişilik; hekim, hemşire ve hastabakıcı kadrosuyla asrın en mühim tıbbi kurumu olan hastanede muhtaç halk ücretsiz bakılırdı.

Bezmiâlem Valide Sultan, ömrünün son zamanlarında Dolmabahçe Camiini de yaptırmaya başlamış, mektep ve çeşmesi bittiği halde, güzel cami tamamlanmadan hayata gözlerini yummuştur...

II. Mahmud'un diğer hayırsever eşi Pertevniyal Sultan'dan da bahsetmek isteriz. Pertevniyal Sultan oğlu Abdülaziz'i doğurduktan sonra Valide Sultanlığa yükselmiş bir kadındı... Oğlu Abdülaziz'e yazdığı mektuplarda; "Şevketlü nur-ı aynım arslanım Hazretleri" diye hitap etmiş, mektuplarını "Valide Sultan" şeklinde mühürlemiştir...

Pertevniyal Sultan, küçük çocukları pek severdi. Hatta manevi evladı olarak bağrına bastığı, okutup evlendirdiği pekçok yetimi vardır... Sağ işaret parmağındaki "Mehd-i Ulya" mühür yüzük, bir gün bu yetim çocuklardan birisini çok korkutunca, Pertevniyal Sultan, o günden sonra yüzüğünü parmağından çıkardı ve altın bir kordonla, boynuna asmaya başladı... II. Abdülhamid'in eşi Müşfika Sultanı'a bakıp büyütmüş olan Pertevniyal, haftada bir günü (Cuma günü) sabahtan akşama kadar çocuklarla geçirirdi. Onlara gördükleri rüyaları anlattırır, ezberledikleri şiirleri okutturur, aldıkları ağız derslerini dinler, sonra da dualarına "amin" dedirtirdi... Sık sık Hz. Yunus peygamberin affedilen ümmetinin kıssasını hatırlatırdı etrafına... "Hz. Yunus'un ümmeti, çocuklarla birlikte dua ettiği için affedildi" derdi...

"Anneyi, yavrudan ayırmak olmaz" derdi...

Pertevniyal sultan, köpek ve kedilerin hadım edilmesine de karşıydı... Devrin şehremanetleri sokak köpeklerini toplayıp, hıfzısıhha maksadıyla Hayırsız Ada'ya götürüp attığı gece, sabahlara kadar ağlamış "başımıza uğursuzluk gelecek" sözleriyle bu işi yapan adamları ölünceye kadar kınamıştır... Valde Sultan'ın emriyle hergün ikindi namazını müteakip Kumkapı civarındaki kedilere asmalarla ciğer ve işkembe azığı çıkarılırdı. Yine Eyüp Sultan'da göç vakti çıkıncaya kadar hizmetleri görülecek "Hacı Leylekler" için kurulmuş, kuş sarayları da Pertevniyal Sultan'ın adetlerindendi...

"Nur-ı Aynım - gözümün nuru" dediği evladı Abdülaziz, önce padişahlıktan alındı, ardından feci cinayete kurban gitti... Pertevniyal Sultan; "Herşeyi affederim de oğlumun kanını helal etmem" diye ağlar, secdelere kapanır, yetimlerine de "amin" dedirte dedirte bu cinayeti tertip edenleri Allah'a havale ederdi.

Pertevniyal Sultan, bugün hâlâ ismiyle anılan büyük lisenin kurucusu olarak, merhametli bir Valide Sultan olarak, hayatını gençlerin eğitimine adamış bir Sultan'dır. Aksaray'da, Karagümrük'de Eyüp'te, Fatih'te yaptırdığı çeşmeleri ile "ab-ı hayat" olarak hafızalara kazınmıştır.

Pekçok Sultan Kadının da müntesibi olduğu Yahya Efendi dergahını da düzenletmiş, tamir ettirmiştir. Şair Hayri'nin Yahya Efendi Türbesi'nin tamirine düştüğü tarih, Pertevniyal Sultan'ın hikayesi gibidir:

"Etti İnşa-ı sebil ve mektep ve camii ki halk
Su içe, ilim öğrene, kıla namaz, ide dua
Bir de havz-ı bi bedel yaptırdı kim tersanede
Andan etti bahrı bir zırh sefine iptida
Ruhunu hoşnut için Yahya Efendi'nin
Kıldı ihya türbe-i pak-i şerifin bi riya
Hayrı geldiler yediler dediler tarihini
Etti bu bab-ı şerifi Valide Sultan bina" (1290)

Beşik Alayndaki

Adile Sultan

İNCE hastalık; İstanbul sokaklarını sarmaş dolaş kuşatmış... Parmak uçlarını, Osmanlı Saray'ının tahtına kadar dayamıştı bile... Yaptığı hayırlar, imar ettirdiği hastane ve aşevleri ile halkın gönlüne taht kurmuş Nakşidil Valide Sultan, günden güne solan yüzüyle, ince hastalığın eline esir düşmüş Hanedan kadınlarındandı...

Kızı Esma Sultan ve nedimesi Zernigar, yaklaşık bir haftadır başucunda bekliyorlar... Esma Sultan, göz yaşları içinde bakıyor nedimesi ve sırdaşı olan Zernigar'a. Ama beklediği umudu bulamıyor onun gözlerinde, Zernigar'ın kirpikleri kibarca yere iniyor iki kadının her göz değişinde birbirine...

Elinde gümüş bir tas tutuyor Zernigar, içindeki serin zemzeme batırdığı tülbenti, daha sonraları görümcesi olacak Esma Sultan'a uzatıyor... Esma, dizleri üzerine çöktüğü karyolanın yanında, zemzemle ıslatılmış tülbenti Valide Sultan'ın dudaklarına bastırıyor hafifçe... İnce hastalığın esiri Nakşidil Sultan'ın içi, yanıp yanıp kavruluyor ateşten...

Sultan 2. Mahmud, saat başı validesinin durumu hakkında rapor alıyor Saray hekimlerinden... Lakin ecel tamam olduğunda Nakşidil Valide Sultan, sanki kuş olup uçuveriyor dar-ı beka'ya... Fatih semtinde kendi ismiyle namlı türbeye yatırıyorlar onu ve sandukasının üzerine vasiyeti gereği Hz.Fatıma tüz-Zehra'nın mübarek gömleği örtülüyor. 1. Abdülhamid Han'ın eşi, 2. Mahmut Han'ın annesi Nakşidil Sultan, sırlanıyor (1817)...

Zernigar; Prenses Esma Sultan'ın ince terbiyesiyle yetiştirilmiş, terbiyeli ve sanatkar mizacıyla Sultan 2.Mahmud'un hemen dikkatini çekmiş bir genç kızdı... Sultan'ın gözde ikballeri arasına karıştı kısa zamanda... 1826'da Topkapı Sarayı'nda dünyaya getirdiği kızı Adile Sultan, ona Kadın Efendilik ünvanını da getirecekti. Adile Sultan, sanatkar mizaçlı ve yeniliklere açık bir baba ve halanın tüm güzel hasletlerini ileride üzerinde parlaklaştıracak bir evlat olarak, daha doğduğu günde mutluluklar getirdi Saray halkına...

Saray'ın deniz tarafındaki toplar, günde beş vakit üç kere olmak üzere ateşlendiğinde, İstanbul halkı, Saray'ın bahtı açık bir prensesinin daha dünyaya gelmiş olduğunu anladılar...

O zamanki adetlere göre, top atışı yedi kere gerçekleşirse erkek, üç defa olursa kız evlat sahibi olduğu anlaşılırdı Hanedan'ın... Hatta Osmanlı Hakan'ının sürekli başına bela olmuş Mısır Valisi Mehmet Paşa bile, Kahire ve İskenderiye'de top atışları ile duyurmuştu Memalik-i Osmani Teba'sına bu kutlu haberi... Halk için eğlence ve ikram demekti bu top atışları, derhal meydanlara koşarlar, kendileri için hazırlanmış bahşiş keselerini kapışırlar, tablalar içinde sunulan çöreklere ve ibrikçilerin önünde dizi dizi doldurulmuş şerbet kupalarına yarışırlardı...

Doğum, Osmanlı Hanedanı için hayatiyet anlamındaydı.

Bir tür nüfus düzenlemesi veya politikası olarak da tarif edebileceğimiz şekliyle doğum; hem annenin kimlik ve statüsünü yükseltiyor, hem de doğan evladın erkek olması halinde, Veliahtlık hakkında hukuki sonuçlar doğuruyordu.

Şehzadelerin Padişah olmadan evvel çocuk sahibi olmaları 1. Ahmed'den Abdülaziz'e kadarki dönemde yasaklanmıştı, zira bu durum tahta kavgaları ve entrikalara sebep oluyordu... Padişah'a erkek evlat doğuran kadınlarınsa statüsü derhal yükseltilip, İkbal'likten Kadın Efendi'liğe çıkarılıyorlardı. Evladı padişah olmuş kadın sultanlara ise Valide Sultan olarak çok geniş yetkiler veriliyordu...

Fatih Sultan Mehmet Han'a kadar, prenseslere *"Hatun"* diye hitap edilirdi. İstanbul'un fethinden ve başkent oluşundan sonra ise, prensesler *"Sultan"* şeklinde anılmaya başlamıştır. Şehzadelere de "Sultan" denirdi ama onlara isimlerinin önünde söylenen bu makbul hitap, prenseslere isimlerinden sonra eklenirdi; Sultan Cem veya Adile Sultan örneklerinde olduğu gibi... Prenses ve şehzadeler dahi birbirlerine sırf isimleriyle hitap etmez, isimlerin peşine muhakkak bir saygı ifadesi ile birader veya hemşire hitaplarını da koyarak seslenirlerdi...

Padişaha ise uluorta ismiyle ne annesi ne de eşi bile yaklaşamazdı, sadece Valide Sultan'lara has bir imkan tanınmıştı ki; onlar Padişah olan evlatlarına *"arslanım, arslancığım"* diyebilirler ve fakat onlar dahi daha ileri gidemez, evlatları odaya girdiğinde derhal ayağa kalkar ve müsadesiz oğullarına el bile süremezlerdi...

Bununla birlikte Osmanlı tarihinde Padişahlara en fazla etki eden kadınlar, zannedildiğinin tersine eşleri değil Valide Sultan'lardır... Özellikle Kanuni döneminden itibaren Valide Sultan'lık konumu, asla ikincil bir statü değil, hatta zaman zaman devlet raporlarında tenkit konusu olacak kadar mühim ve ön planda, aktif bir siyasi kurum görevi yapmıştır...

Harem; hanedanın istikbalinin şekillendiği bir kurum olarak, Osmanlı Saltanatı'nın üreme ve nüfus politikasını çizen bir yetkiye sahiptir...

Fatih Sultan Mehmet Han'a kadar fütühat anlayışına dayalı dış politika gereği, başka ülkelerin kraliyet ailesinden prenseslerle stratejik evlilikler yapılmış ama İstanbul'un fethinden itibaren, kendi evlilik politikası ve ihtiyacını Harem üzerinden yine kendi belirlediği kişilerle gerçekleştirmiştir Osmanoğulları...

Harem'e küçük yaşta dahil olan kızlar, burada özel eğitim ve terbiyelerden geçer, ancak bir kaçı Padişah'ın dikkatini çekebilirse, ikbale ererdi... Zamanla Harem'i politik nüfuz sahibi ilk kurum haline getirecek bu usul, saltanatın gelecek öngörüsünü, kendi iradesiyle dışa kapadığı anlamına da geliyordu...

Evlilik üzerinden kurulacak uluslararası stratejik bağlantıları artık önemsemiyordu Osmanoğulları, onun yerine kimliği önemli olmayan hatta kendisine yeni bir kimlik eğitimi verilerek Hanedan'a analık öğretisi üzerinden kurgulanmış yeni kadınlar haritası ile devam ediyordu yoluna...

Harem'de küçük yaştan itibaren eğitilen kadınlar, kısa zamanda eski kimliklerini unutuyor, aldıkları yeni terbiye ile Osmanlı Validesi olmaya namzed hale geliyorlardı. Tabii bu çok kolay bir süreç değildi, bu durum alttan alta öz kimliğe dayalı bir politik guruplaşmaya, yapılanmaya da yol açıyordu ki; Harem'deki Çerkez ağırlığı zamanla aşılamayacak bir ağ haline dönüşecekti. Devletin derin karar mekanizmasındaki Çerkez ağırlığı, temelini Harem'de atıyordu...

Yine zannedildiğinin aksine Osmanlı Harem'inde ve dolayısıyla Hanedan'da, Türk kökenliler sayıca oldukça azdı... Fatih'ten sonraki dönemde, Padişah Genç Osman ve Sultan Vahidettin dışında eşi Türk kökenli olan Padişah yok gibidir söz gelimi...

Ama tüm padişah eşleri, kökenleri ve kimlikleri ne olursa olsun, Osmanlılık terbiyesiyle kazandıkları yeni bilinç ve statü ile İslam kadını olmanın gerektirdiği tüm yükümlülükleri yerine getirirlerdi... Hatta bu Sultan kadınlar, yaptıkları imar hizmetleri, bağış ve vakıflarla adeta merkezi idarenin bir tür halkla ilişkilerini yürütür, Hanedanın halka bakan gülümseyen yüzünü temsil ederlerdi... Halk da onların başlangıçtaki öz kimliklerini asla önemsemez ve dahi aslında bilmez, onlara Sultan ve Halife eşi olarak büyük bir hürmet gösterirdi... Harem, padişahların kendi annelerini yetiştirdikleri bir kurum olarak, kraliyet kadınlarının akademisi gibiydi...

İşte Zernigar Sultan, zekası ve güzelliği ile henüz çocuk yaşta Esma Sultan tarafından keşfedilmiş, hususi dersler çerçevesinde Saray'ın görgüleri icapları kendisine öğretilmiş bir kadındır... 2.Mahmut eşini, hemşiresi Esma Sultan'ın aziz bir hediyesi olarak bilmiş ve ondan doğan kızı Adile Sultan'ı da hep el üstünde tutmuş, diğer şehzadeler hangi eğitim ve sanat imkanlarına nail oluyorsa, hepsini kızının yetişmesine tahsis etmiştir...

Padişah evlatları, her zaman sevinç ve heyecanlarla karşılanmıştır. Hatta Adile Sultan henüz doğmadan heyecanlı hazırlıkların yapılmaya başlandığını, Saray defterlerinden öğrenmekteyiz... Halen Topkapı Sarayı Arşivlerinde bulunan bu defterlere göre, henüz doğumdan evvel Topkapı Sarayı'nda büyük bir oda, bebek ve annesi için hazırlanmış, doğumu yaptıracak ebe ve sütanne (daye) tesbit edilmiş, oda yeniden düzenlenip bebek eşyalarıyla donatılmıştır.

Padişah evladı için süslenen bu odaların baş tacı; şüphesiz

ki beşikler olurdu... Adile Sultan için de üzeri pırlanta ve gümüş simlerle bezeli bir beşik, üzeri yine değerli taşlarla işlenmiş atlas yorgan, beşiğe asılı altın sırma ile işli bir kese içinde Musaf-ı Kerim, ve yine beşiğin gözbebeği timsali ortası elmaslı bir maşallah hazırlanmıştı...

Arşiv kayıtlarına bakacak olursak, Adile Sultan'ın doğumu müjdesi olmak kaydıyla 25.000 kuruşluk ihsan-ı şahaneler de dağıtılmıştı... Ayrıca Enderun Mehteri'ne dağıtılmak üzere 400 kuruş, Birun Mehteri'ne dağıtılmak için 400 kuruş da diğer dağıtılanlardan...

Aynı harcırah arşivinden Adile Bebek Sultan için lazım gelen siparişleri de okuyabiliriz: ''On adet şal bebek takkesi, yirmi adet tülbent bebek takkesi, bir adet fernay işi beşik yorganı, bir tane kundak yorganı, on ikisi iç on ikisi dış bebek entarisi, onar adet ayak ve kol bezleri, yirmi adet etek bezi, iki adet pamuk tülbent yorgan şiltesi, iki adet tülbent yorgan çarşafı, bir adet al atlas minder, ceviz beşik, gümüş sübek, iki top fitilli tülbent, dört top donluk bezi, beş top al atlas ve bunların biçki dikişi için gerekli terzi masrafları..."

Adile Sultan'ın bebek odasındaki beşiğe asılmak için hazırlanmış pırlanta-elmas süslü maşallah, uçlarından pırlanta ve elmas taşları sarkan iki zümrüt avize, yine pırlantaları göz kamaştıran başka bir firuze lamba, ve bir tür uğur kabul edilen pırlanta işli horoz mahmuzu da kayıtlara geçirilen bebek eşyalarından...

Adile Sultan'ın doğumu şerefine birisi Valide Sultan Beşik Alayı, diğeri ise Sadrazam Beşik Alayı olmak üzere iki kutlama tertip edilmiştir.

Daha önce Valide Sultan (Adile'nin babaannesi Nakşıdil Sultan) tarafından yaptırtılıp Eski Saray'da hazır bekletilen beşik, beşik örtüsü, değerli taşlarla işli atlas bebek yorganının merasimle Topkapı Sarayı'na getirildiği bir törendir bu... Saray Ağaları ve Kahvecibaşılar, Beyazıt'taki Eski Saray'dan alıp, yürüye yürüye alaylar ve şenlikler eşliğinde Topkapı Saray'ına gelirlerdi Sultan beşiğini... Beyazıt'tan başlayıp, Divanyolu ve Ayasofya'dan geçerek Bab-ı Humayun'a varırlardı... Harem'de Valide Sultan'a bağlı Başağalar bu bebek alayını karşılar, ellerindeki beşik ve bohçaları alır, öpüp alınlarına koyduktan sonra Darüssade Ağasına teslim ederlerdi... O da diğer Harem Ağaları ile hediyeleri alıp götürür, dönüşte de taşıyıcılara ihsanlar dağıtırdı...

Birkaç gün arayla Sadrazam Beşik Alayı yapılmıştı Adile Sultan için ki bu da muhteşemdi... Yine ceviz üzerine gümüş kakmalı bir beşik ve atlas yatak yorgan takımı bizzat Sadrazam tarafından Kethüda Bey'ine teslim edilmişti doğumunun altıncı gününde... Kethüda; beşiği Çuhadar'a, yorganı 2. Çuhadar'a, beşik örtüsünü de Mehterbaşı'na vermiş, hediyeler, mehter takımının ilahileri ve marşları eşliğinde Divanyolu'ndan Bab-ı Humayun'a getirilmiştir... Sadrazam Beşik Alayı, hediyelerini direkt olarak Harem'e yollamaz, önce Padişah hazretlerine arz eder, onun tetkik ve aferinlerinden sonra bebek odasına yollanır ve bu arada taşıyıcılara yine ihsanlarda bulunulurdu...

Beşikler en sonunda odaya varmıştı işte... Esma Sultan avucundaki çil altınları, yeğeninin beşiklerinin üzerine serpeledi... Ebe kadın, dualarla Adile Sultan'ı beşiğine yatırdı, tekbirler getirdi, selavatlar çağırdı ve beşiği tam üç kez salladıktan sonra bebeği geri çıkardı ve süt annesine (daye) verdi. Bunun üzerine odada bulunan Saraylı hanımlar, getirdikleri hediyeleri beşiklerin içine bırakmaya başladılar bir bir... Davetli kadınlar tam üç gün üç gece Saray'dan salıverilmediler, envai çeşit ikramlar, sazende ve hanendeler eşliğinde müzik ziyafetine mazhar oldular...

Adile Sultan, zekası ve sanat istidadıyla hocalarından hep aferinler alarak büyüdü. 13 yaşındayken mükemmel şiir divanları olan, iyi derecede hattat ve musikiye vakıf, parlak bir dehaydı Adile... Küçük yaşta annesini kaybetti, ardından kendisine analık eden Nevfidan Kadın ve babası Sultan 2. Mahmut da vefat edince kendisini tamamen edebiyata verdi...

Osmanlı hanedanında Divan'ı olan tek kadın sultandır o!

Ve hocalarının deyimiyle, erkek olsaydı muhakkak Padişah olması lazım gelen bir zeka ve irade timsaliydi...

Adile'ye, diğer sultan evlatları gibi dört yaşından, dört ay dört gün aldığı andan itibaren Kur'an-ı Kerim çalıştırıldı. Beş yaşına varmadan okudu diğer sultan çocukları gibi, ezberi de gayet iyiydi. Kur'an-ı Kerim yanı sıra; tarih, şiir ve gazete de okuyarak büyüdü...

Valide Sultanlar, evlatlarını yetiştirirken şiire ayrı bir önem verirdi, zira Hz. Aişe (ra) validemiz çocuk eğitiminde şiirin önemini tavsiye etmiştir; yine Hz.Fatımatüz-Zehra (ra) büyük bir şairedir, umulur ki şiir tahsili ile Sultanların zeka talimi yüksek bir deha kesbetsin!

Adile, büyükannesi ve annesinin gömülü olduğu türbeye Fatımatüz-Zehra'nın gömleğini örtecek kadar sadakatle aşıktı Ehli Beyt'e ve yazdığı hatları arasında on iki yapraklı gül deseni bugün hala en yüksek hat örneklerinden biri olarak elimizde mevcuttur... Bu yüksek sanatlı eserde, Lafz-ı Celal (Allah), Lafz-ı nebi (Muhammed) ve on iki imamların isimleri hat edilmiştir...

Adile, saraya alınan Kafkas yetimlerini büyüterek yetişmiştir. Annelik eğitimini almaya başladığında henüz altı yaşındaydı ve kendisinden sadece üç dört yaş küçük yetim kızların saçlarını tarar, örgüler örer, onlara ninniler söyler, oyuncak bebek yerine onlarla oyalanırdı... Daha sonra bu çocuklara kendi elleriyle elbiseler biçip diktiği, giydirdiği de olmuştur ve bu yetim kızlar ölene kadar Adile'nin sadık nedimeleri olmuştur... Adile

Sultan'ın büyüttüğü yetimler arasında Zihniyar Hanım ki meşhur sanatkar Tanburi Cemil Bey'in annesidir, daha sonra Adile Sultan'ın kızı Hayriye Hanım Sultan'ın da süt anneliğini yapmıştır...

Dindar bir kadın olduğu kadar garp sanatlarına da vakıf olan Adile Sultan, gümüş muhafaza içindeki yazı takımını her gittiği muhite götürürdü. Şiir yazar, içini mısralara döker, gayet muntazam piyano ve ud çalar, özellikle hüzünlü olduğu zamanlarda kendince küçük besteler yapardı... Kızı Hayriye Hanım'ın vefatından sonra, halası Esma Sultan'dan kendisine intikal etmiş sahil sarayından bir daha çıkmamıştır...

Adile Sultan'ın sırdaşı yine kendi şiiridir:

"Gerçi dünyaya gelen makumdur elbet göçer,
Ah kıldı ol civan u melek Adn'e sefer,
Sabrını lutfet İlahi çün, budur hükm-i kader,
Gitdi Hayriye'm, kerimem, derdi geçti cana af!"

Pembeli Kadın

Necibe Hanım

ANKARA Valisi Vecihi Paşa'nın güzel kızı Necibe Hanım, dönemin yıldız ismi Sadullah Paşa ile çok genç yaşta evlendi. Hatta çocuk yaşta diyebiliriz bugünden bakınca... Ama kendisinden yaşça büyük kocasını hep çok sevdi, ölünceye kadar yolunu gözlemekten bir gün bile usanmadı, Paşasına aşık olarak yaşadı ve aşık olarak son nefesini verdi...

Sadullah Paşa, devlet adamı yetiştiren Ayaşlı sülalesinin keskin zekalı evlatlarından biriydi. Terceme Odasında başladığı devlet görgüsü, kısa sürede, Maarif Vekaleti (Eğitim Bakanlığı) ve ardından Hariciye Vekaletindeki (Dış İşleri Bakanlığı) görevleriyle perçinlenmişti. V. Murad, tahta çıkar çıkmaz, kendisine ait saltanat kayığını "bizzat ve derhal" emriyle Sadullah Paşa Yalısının önüne gönderdiği günden itibarense, Paşamız artık Sultan Hazinelerinin anahtarını ve mührünü taşıyan Mabeyn Başkâtibiydi.

Şairdi ve feylosof meşrepti...

V. Murad'dan sonra tahta geçen Abdülhamid Han da Sadullah Paşaya önemli vazifeler verdi, ama Zatışahaneleri, Paşayı daha çok diplomaside ve hariciyede tutmayı yeğledi.

Paşanın edebiyat dehası o kadar parlaktı ki, yazdığı dörtlükler ve edebi mülahazalar, Paris sosyetesi tarafından alâkayla takip edilir, en görkemli edebi münazara gecelerinde baş misafir olarak taltif görürdü.

Tabii Fransa'ya geçen Genç Türklerin ilk adresi de olan Sadullah Paşa, Saraya ve Abdülhamid'in sıkı denetimine muhalefet eden gruplarla da anılmaya başladı kısa sürede. Padişah Abdülhamid, onun hariciye dehasına itimat duymakla birlikte, kulağına gelen aleyhte jurnaller ve Avrupa Basınında yer alan muhalif haberler eşliğinde, Sadullah Paşayı adeta bir sürgün havasında Avrupa'da tutmayı uygun gördü.

Saraya muhalefet eden çevreler Paşayı, Padişaha muhalefete teşvik etmeye çabaladılarsa da Paşa, her seferinde vatanperver bir devlet adamına yaraşır şekilde, emre itaat etti. Önce Berlin, ardından Viyana Sefirliği süresince on dört yıl ülkesine geri dönemedi Paşa... İzinli olarak memleketine ve ailesine dönmeye dair yazdığı sayısız mektup, hep olumsuz cevaplar aldı....

Mektuplar, mektuplar... Ta ki bir gün havagazı borusuyla intihar edene kadar Paşanın ailesine ve Saraya yazdığı ümitsiz mektuplar... Ahmet Cevdet Paşa'ya yazdığı mektuptan bir beyit mesela:

"Nazarında gül-i rana görünür har-ı vatan,

Var kıyas et ne imiş, verd-i çemenzarı vatan"

Ve eşi Necibe Hanım'ın, Paşasının affedilmesi için yıllar boyu sarfettiği sonuçsuz çabalar. Paşasıyla evlendikleri gün, pembe renkli saten-düşes bir tuvalet giymiştir Necibe Hanım. Sadullah Efendi, erkeklere her zaman görkem katan üniforma ve göğsündeki madalyalarla o kadar parlak ve uzun boylu gelmiştir ki küçük geline... Küçük kadının, hayatında gördüğü göreceği ilk ve tek erkektir kocası. Daha ilk gece aşık olmuştur kocasına. Paşa bu, kibar adam, görmüş geçirmiş, ince dilli, görgülü ve bir kadını kendisine aşık edebilecek tüm cümleleri ezberden biliyor.

"Hanımefendi pembe size çok yakışmış..." demez mi? Necibe Hanım bu. Paşasının bir dediğini iki etmemiş, onun ağzından çıkan her sözü gökten inzal olunmuş gibi aziz bilmiş, makbul görmüş bir eski zaman aşığı... Pembe giyinmeyi o geceden sonra vird edinmiş kendine...

Yalının penceresinden her gece yolunu gözler Paşasının, isterse sabaha karşı gelsin, ister meclis müzakerelerinden, ister merasim alayından, hatta isterse işretten gelsin. Gelsin de Paşa hazretleri, nereden gelirse gelsin... Zinhar kocası gelinceye kadar uyumaz, gözünü kırpmadan bekler, yalının denize bakan penceresinde...

Bir kadın ve bir kandil...

Pembe giysiler içinde her gece kocasının yolunu gözetler...

Nice leydiler, nice ince kadınlar, sanatkarlar, şaireler tanımış görmüştür Paşa, Avrupa sosyetesinden. Ama Necibe Hanımın çocuk yaştaki haliyle ona olan aşkı gibisine rastlamamıştır. Necibe Hanım, tertemiz bir sevdayla bağlıdır kocasına ve onun bu çocukça sadakati, Paşayı da bağlamıştır kendisine. Dünya bir yana Necibe Hanım bir yana. Necibe Hanımın su kadar berrak, kar kadar temiz, saf ve iffetli bir aşkla kocasından başka kimseyi görmeyen gözlerine, Sadullah Paşa da meftun olmuştur.

Gel gör ki, Sultan Hazretleri, kulağına gelen aleyhte dedikodulardan mütevellit zaten şüpheci mizacının da tesiriyle, Sadullah Paşa'yı sefaretten sefarete tayin etmektedir. Bu ayrılık Necibe Hanımın canına tak etmiş, evlatlarına sarılıp sarılıp ağlar, oruçlar tutar, adaklar adar, sadakalar dağıtır, mektuplar yazar, aracılar koyar, yalvarır yakarır ama nafile...

...

"İşte güzel bir sebep" diye düşündü, Ayşe Sultanın doğumu için Necibe Hanım. Abdülhamit Han'ın Destizar Baş İkbal'den olma kızı Ayşe Sultan'ın akika (doğum yemeği) merasiminde bir yolunu bulup, maruzatını anlatıvermek için güzel bir sebep... Zaten Destizar Sultan ile pek çok kereler karşılaşmışlar ve her seferinde iltifatlara maruz kalmış bir kadın Necibe Hanım. Kibardır, asilzadedir, saray görgülerini ve hitap edebini pek iyi bilir, Paşa kızı, Paşa karısı...

Destizar Sultan halden anlamayacak da kim anlayacak hem?

Peki, merasim günü, saray kadınları arasından kendisine sıra gelecek mi? Birkaç söz söyleyerek Paşasının memlekete dönmesini istirham edebileceği bir imkan olacak mı Allahım? İçinden yüzlerce plan yapıyor, provalar tekrar ediyor Necibe Hanım, Padişahın hanımına ufak bir maruzat... Ya diğer kadınlar kendisine bu fırsatı çok görüp, görüşmesine izin vermezlerse? En iyisi her ihtimale karşılık bir mektup da yazarak katılmak merasime. Konuşabilme fırsatı tanınmazsa, mektubu kendi eliyle teslim edecek Sultana...

Destizar Sultan, gurbetliğin ve babasızlığın ne demek olduğunu, herkesten çok biliyor aslında. Babası Abaza Beylerinden Ağır Mahmud Bey, 1877-78 Rus Savaşı çıkınca, annesi ve iki kardeşiyle Destizar Hanımı Allaha emanet ederek çıkmıştı evden. Çıkış o çıkış. Emine Hanım, üç evladıyla nice badireler atlatarak memleketini ve eşini gerilerde bırakmış da gelmişti İstanbul'a... Destizar, babasız kaldığında altı yaşındaydı henüz.

Tıpkı Necibe Hanım'ın evlatları gibi çok küçük yaşta babaya hasretin ağır yükü binivermişti omuzlarına... Elbette kalbi acırdı Necibe Hanımın kendisi gibi babasız kalmış çocuklarına...

"Ah efendim" diyordu içinden Necibe Hanım, sanki Sultanla baş başaymışlar da sanki Sultana içini döküyormuşcasına... "Siz babasızlığı bilen bir Sultansınız, takdir edersiniz ki..."

İçinden defalarca mektuplar yazıyordu Zat-ı Şahanelerine...

Necibe Hanım, ağlamaktan kan çanağına dönmüş gözlerinde artık fehmedemiyor hangisi hayal, hangisi hakikat... Sayfalarca yazdığı mektuplar ve içinde boğulduğu mürekkep nehirleri, sabahlara kadar sönmeyen kandillerle birlikte eriyor genç kadın... Ayşe Sultan'ın doğum haberi ile tutulduğu heyecan, Destizar Sultan'a maruzatını anlatacağı ihtimali bile, onu divaneye çeviriyor, sinirleri iyice zayıf düşmüş... Bir haftadır sağlığı iyice kötüledi. Geceleri yalının bahçesinde pembe elbiseleri içinde ağaçlarla konuşurken buluyor onu kahyalar, "Efendimiz, geç oldu, üşüteceksiniz, üzeriniz de çok ince!" Duymuyor Necibe Hanım konuşmaları... O sanki, Destizar Sultanl'a konuşmaya devam ediyor.

Gecenin içinde kendi kendine reveranslar yaparak ağaçlara dönmüş diyor ki: "Ah efendimiz, Sultan Hazretleri size Müşfika ismini vermiş, siz müşfik olmayacaksınız da kim olacak? Affediniz, bendenizi, affediverin Paşamı, affediveriniz de yüksek iltimaslarınızla yuvamıza, evladına kavuşsun, ne olur efendimiz..."

Halbuki Destizar Sultanın, babasızlığını unutalı çok olmuş, küçük yaşta Pertevniyal Valide Sultan'ın girdiği hizmetinde, ölünceye kadar ana kraliçenin dizleri dibinde yaşamış. Mavi gözleri ve sarı bukleleri ile, Valide Sultanın odasından Padişah Efendimizin odasına geçivermiş. Peki, müşfik midir hakikaten?

O da Necibe Hanım gibi, genç yaşta girmiş dünya evine. Padişah Hazretleri ilk gece Kur'an'ı Kerim'den kendisine niyet açmış, mübarek sağ işaret parmakları "müşfikun" kelimesine isabet ediverince de, Destizar Sultan'a "Müşfika" ismini layık görmüş. Kulaktan kulağa nakledilen bu saray hadisesine binaen, Müşfika Baş İkbal'dir ismi...

İşte Necibe Hanım, bu masallar içinde yaşıyor. Kocasının hayaliyle kararan bahtı, Müşfika kadının isminden bile medet umar hale düşürmüş onu. "Padişah Efendimizin Yüce Kur'an'ı tutarken, bahtınıza çıkan isim hürmetine affediverin, efendimi..."

...

Necibe Hanım, akika merasimine gidemedi.

Aişe Sultan'ın doğumu şerefine tertip edilen mevlide katılamadı. Zira, sıhhati iyiden iyiye zayıf düşmüştü. O kadar ki geceleri elinde kandille yollara düşüyor, gelen geçene *"Paşamı gördünüz mü?"* diye yalvar yakar sorular soruyordu. Arabacılar, kayıkçılar, bahçevanlar bile anlatır olmuştu hali pür melalini zavallı Necibe'nin. *"Pembeli Kadın"* diyordu herkesler ona. ''Sultan, kocasını sürgün etmiş; zavallı, aklını kaçırmış, pembeli kadın..."

Kısa zamanda Necibe Hanım'la ilgili bu acıklı haberler, Destizar Sultanın kulağına kadar gelmişti. Önce pek üstünde durmadı, Hünkârın işlerine karışmak âdetinden değildi, elbette bir bildiği vardı Yüce Hakanın, Sadullah Paşanın bir suçu kabahati olmasa sürgünde tutulmazdı elbet! Ama kocasının yolunu gözlerken aklını kaçıran Necibe Hanımı düşündükçe de kalbi sızlıyordu öte yandan. Ah almaktan çok çekinirdi Destizar Sultan. Maazallah ya kendisi de bir gün Sultan'ından ayrılacak olsa? Düşünmesi bile kedere boğuyordu Hanım Sultan'ı...

Konuyu eşi Abdülhamit Han'a açmaya karar verdiği sabah,

kötü bir haberle çalkalanıyordu Payitaht... Onuruna çok düşkün Sadullah Paşa, yaşadığı bunalıma daha fazla dayanamayarak intihar etmişti. Destizar Hanım Sultan geç kalmıştı maruzat beyanına.

Necibe Hanım, kocasının öldüğüne bir türlü inanamıyordu oysa... Ölünceye kadar elindeki kandille pembe saten elbiseleri sırtında kocasını arayıp durdu. Her gelen geçenden sordu, kocasına öldü diyenlere hep hayret etti, hiç inanmadı.

Onun zavallı ahı, Destizar Sultan'ı hayatı boyunca takip etti. Eşi Abdülhamit Han'ın önce tahttan indirildiğine, ardından Selanik sürgün günlerine ve Beylerbeyi'ndeki mahpus dönemlerine şahit olurken, hep "ahh..." dedi. *"Ahh, Necibe'nin ahıdır bu bizi tutup yakalayan..."*

...

Sadullah Paşa Yalısı civarında halen dahi bazı geceler elinde kandille ağaçlar arasında dolaşan pembe giysili bir kadın hayaleti görenler vardır. Bu yalı uğursuz sayılır ve hiçbir sahibine de hayır getirmemiştir.

Not: Hikayenin bir kısmını Sadullah Paşa'nın gelini olan rahmetli Münevver Ayaşlı Hanımdan bizzat dinledim. Konu hakkında ''Sadullah Paşa yahut Mezardan Nida" (Dergah Yayınları, 2003) isimli teferruatlı çalışma da rahmetli Nazir Akalın'a ait. Paşa'nın Viyana'da Anna Schuman isimli genç kızla yaşadığı gönül macerasını gelini Münevver Hanım, hayatı boyunca kabul etmediği için, ruhuna hürmeten ben de ayrıntıya girmedim. Allah hepsine rahmet etsin!

Son Padişahın Aşkı :

Nevzad *(Nejad)* Hanımefendi

"İKİ serin namaz" dedi Nevzad Hanım içinden... Okuduğu kitabı masaya bıraktı. Sonra da dört tarafı ateş gibi yanarken sığınacağı bu iki serin vakti sordu kendine. ''Benim ateştendir şimdi bütün vakitlerim" diyerek göğe baktı.

"İki serinlik namazını; sabah ve ikindiyi kılan kimse, cennete girer." Böyle yazıyordu okuduğu son cümlede... İçi paramparçaydı, ah onun içi asla serin değildi ve kendini nerede avutacağını bilemez bir hâldeydi Nevzad Hanım. Kalktı, abdest tazeledi, bir yere dayanması icap ediyordu, düşmemek için. Zira etrafındaki her şey, imparatorlukla birlikte çökmekteydi. Etrafındaki her şey hızla kaçıp akıyor, şekil değiştiriyor, tanıdığını sandığı herşey kendisine yabancılaşıyordu. Yalnızlığın acısı kalbinin zarına değmişti...

Elini değdirdiği her yan ateş...

Son Padişah'ın, son eşiydi o...

Henüz bir yıllık evliydiler, Sultan Hazretleriyle. Ama o doğduğu günden beri nişanlı gibiydi efendisiyle. Sarayda doğmuş, sarayda okumuş, orada gelin olmuş ve en nihayetinde de apar topar saraydan çıkarılmıştı...

Allahtan Halife Abdülmecit Efendi yetişmişti de imdatlarına, elinden geldiğince Saray kadınlarını toparlayıp, birkaç kişiyle birlikte, Ortaköy'deki köşke nakletmişti geçici olarak... Evet; gerçi harp kazanılmıştı ama; istiklâle kavuşmuş olmak, Nevzad Hanım ve diğer Saray ailesi için, yurtsuzluğun başlangıcı anlamını da taşıyacaktı...

İstiklâl Harbi zafer ile neticelendikten sonra, Türkiye Büyük Millet Meclisi Hükümeti, 1 Kasım 1922'de hilafet ile saltanatın tefrik edildiğini ve padişahlığın ilga olduğunu bir kanun ile ilan etmişti. İlganın hemen ardından ilk Cuma günü, son padişah Vahdettin Han'ın adı, derhal hutbelerden kaldırılmıştı. Bundan sonra acıklı bir gurbet hikâyesi başlayacaktı Nevzad Hanımefendi için...

Sultan Vahdettin Han, 17 Kasım 1922 Cuma günü, Dolmabahçe Sarayından Malaya Harp Gemisi'ne binip Malta Adası'na gitmeden önce, kendisiyle mahsusen yeminleşti, sözleşti. Nevzad Hanım, her âşık kadın gibi, ellerine sarıldı Sultan'ın, eşinin gitmesini istemiyordu...

Muhalefetinde, ayrılığın ızdırabı bir yana, bu aşamada payitahtı terk edişin, kim bilir ne şekilde anlaşılacağına, muhalifler nazarında menfi tesir edeceğine dair bir tedirginlik taşıyordu. Kim bilir bu gidişin haberi nasıl karşılanacaktı millet nazarında? Endişelerinde haklıydı Nevzad Hanım...

Sultan, her cephesinde ağır savaşlar verilmiş ve darmadağın olmuş bir imparatorluğun sınır dışına düşen son parçalardan biri gibiydi... İstanbul'da adeta bir rehine gibi geçirmişti hayatının son yıllarını. Payitahtta taş taş üstünde bırakmayacaklarını ifade eden İngilizlerin gözetiminde mahpus kalmıştı. Fakat aynı mahpus günlerinde, Anadolu'daki kurtuluş mücadelesini organize etmeleri hakkında askerî bilgilerine ve sadakatlerine çok güvendiği Mustafa Kemal Paşa ile Kazım Karabekir Paşayı vazifelendirmişti. İşgal güçleri ile Kuvayı Milliye arasında bir tür paratoner vazifesi görmüştü onun İstanbul'daki rehineliği... Ama artık ne halife ne de padişahtı... Gidiyordu işte, hem de bir daha İstanbul'a dönememek üzere...

O gittikten sonra, Ortaköy Sarayına geçirilmişlerdi saray kadınlarından bazıları; henüz Osmanoğlu ailesinin mukadderatı hakkında kesin kararlar şekillenmemiş, acıklı sürgün günleri başlamamıştı. Bununla birlikte diken üstündeydiler kadınlar ve çocuklar.

Yirmi yaşındaki Nevzad Hanımefendi, diğer imparator eşleri ve kızları ile birlikte neye uğradıklarını şaşırmışlar, allak bullak olmuşlardı.

Hayattan habersiz bir şekilde yaşadıkları fildişi kule çökmüş, masaldan gerçeğe geçiş tecrübesi, çok vahim olmuştu onlar için... Saray halkı; Sadaretten kapıcısına, Kadın Efendilerinden Haremine kadar bir gece içinde dağıtılınca, gidecek yeri kalmayan bazılarının sokaklarda yatıp kalkmaya başladığı bile olmuştu. Aklını kaçıranlar, Darülacezeye yerleştirilenlerin yanı sıra, ahbap, eş dost bulabilenler kendi başlarının telaşesine düşmüş, kimi İtalya'ya, kimi Fransa'ya, Güney Amerika'ya, Mısır'a, Hindistan'a ve Mekke'ye sığınanlar olmuştu...

Nevzad Hanım henüz sürgün hayatı başlamadan önce işte tüm bu darmadağınıklığın kararsızlığı ile bakıyordu Ortaköy'de yerleştirildikleri köşkten denize... *"Allah'ım bana iki serinliğinden ikincisini ver"* diye dua ediyordu...

İlk serinliğini Efendisiyle evlendikleri gün bulmuştu: Kocası, Padişahı, Halifesi ve Devletiydi Vahdettin Han onun... Sanki bir sabah namazı aydınlığında hatırlıyordu çok kısa süren o mesut günlerini... Aşk; sevgiliye vatandır, ayrılığa düşmüş her âşık gibi, sevgilisinden uzak her an, şimdi onun vatansızlığı gibiydi. Ne garip, çölde ve yapayalnız hissediyordu kendisini...

Talih tersine dönmüş, birkaç ay evveline kadar kocasının yanında olan insanlar, şimdi onu en ağır şekilde suçlar hâle gelmişlerdi. Pencereden rıhtıma doğru korkuyla baktı. Dün gece bir grup genç talebe, sahilden tuttukları bir balıkçı motoruyla Ortaköy'de sığındıkları köşkün yakınlarına kadar gelmiş, padişahın aleyhine nümayişlerde bulunmuşlardı...

Kapıda bekleyen subaylar, her ne kadar kendilerini korumakla görevlendirilmişlerse de aslen saltanat ailesi olarak burada tutuklu olduklarını bilmiyor değildi Nevzad Hanım... Dün gelen bir kâtip, Şayet eşi Padişah aleyhine bir mektup yazıp imzalarsa, kendisi ve akrabaları için selamet vesikası olacağını anlatmıştı. Allah'ım bu nasıl bir imtihandı?

Kapıdan asabi öksürüklerle giren halasını görünce, gözleri doldu Nevzad'ın... *"Nejad arslanım, ne üzülürsün, daha pek gençsin, senin de saltanatla birlikte yok olmana göz yumamam"* diye başladı yaşlı kadın dün bıraktığı yerden... Sultan ile olan nikâh akdini derhal bozması gerektiğinden bahsediyordu ihtiyar hala da...

"Ah halacığım" diye ayaklarına kapandı genç kadın... "Halacığım, Nejad Allah katında verdiği sözden nasıl dönecekmiş, peygamberine verdiği yeminden nasıl dönecekmiş, hiç olur şey mi Halifenin tahtı nikâhından caymak?"

Yelpazesini daha sert savurmaya başlayan hala, yine en ağır cümlelerle vuruyordu Nevzad Hanım'ın yüreğine...

O arada kapı vuruldu ve odanın hemen girişinde beliren emir subayından kendilerine bir ziyaretçi geldiğinin haberi kavuştu. Günlerdir kimsecikleri görmeyen kadınlar, bu habere korksunlar mı sevinsinler mi bilemediler, bir misafir ama kim?

"Efendiiiimm..." diyerek Safiye Hanım girmez mi içeri? Daha saray adabına has reveransını tamamlamadan Nevzad Hanım sarılıvermişti öğretmeninin boynuna. Bir Sultan eşinden çok eski bir öğrenci olmanın rahatlığıyla Nevzad hakikaten çocukluğunu 'Nejat'ı oluvermişti işte... Safiye Hanım'ın kendi-lerini ziyarete geldiğini duyan diğer sultanlar da oturma odasına doluşmuşlar, tıpkı eski günlerde olduğu gibi Muallime Safiye Hanım'ı odanın ortasında hatırlı misafirlere has kadife kaplı bir sandalyeye takdim ederek, çevresine sıralanmışlardı...

Safiye Hanım, Sarayın ve Sultan çocuklarının öğretmenliğini yapan, çalışkanlığı ve idealizmi ile tanınmış vefalı bir muallimeydi. Ortaköy'deki Sultan hanımlar, Haydarpaşa Köşkünde ve Beşiktaş'taki Konak'ta ikamet ettirilen diğer aile fertlerinden hâl hatır sordular, merak içindeydiler... Safiye Hanım, her şeyi olduğu gibi anlatmadı bu kadınlara tabii ki, havadan sudan cevaplar bularak bir nevi vefa borcuyla gelebilmişti buraya... Her biri perişan hâldeki akrabalarının hâli pür melalini asla anlatmadı bu kadınlara...

Safiye hanım, kapıda bir saate kadar sorgulanmış, torbasında getirdiği üç kilo portakala kadar didik didik incelenmiş, yanından hiç ayırmadığı defter, kalem ve kâğıtları kontrol odasında müsadere edilmiş, izin alıncaya kadar akla karayı seçmişti; bunları da anlatmadı kadınlara, üzülmesinler diye... Sultanlardan Müveddet Hanım'ın Mısır'a gideceğini ise Safiye Hanım'dan hiç olmazsa ferahlatıcı bir haber olarak duydu kadınlar...

Söyledikleri de vardı Safiye Hanım'ın söylemedikleri de... Büyük Sultan Dilfirib Hatun'un geçirdiği sinir krizlerinden sonra Erenköy'deki hastaneye kaldırıldığını, cariyelerden dört kızın kendilerini astıklarını, gidecek yer bulamayan bazı hizmetkâr kızların Darülacezeye yerleştirildiğini de söylemedi kadınlara... Kahvelerini içtiler...

"Nejat arslanım, çok soğuk oldu, yukarı kattan kaşmir şalımı örtünsem diyorum" dedi Hala Hanım. Nevzad Hanım bir kelebek gibi uçarak çıktı odadan. Onun yokluğunu fırsat bilip, söze girdi Halası:

"Ah efendim aman rica ederim sizden. Sizi çok sever bilirsiniz ve itimadı da çok size... Sultan Vahdettin, San Remo'ya çağırtıyor kendisini, henüz çok genç ve tahtı nikâhında Sultan'ın. Gitmek istiyor ama ben muhalifim bu mevzuda. İki gözüm, şu divaneye mani olun da gitmesin... Başımıza gelmeyen mi kaldı, maazallah bir gün götürüp asacaklar hepimizi, söyleyin de boşansın, gitmesin. Hem zaten genç ve güzeldir, kısmetleri şu an dahi pek çoktur, ben onu bir deniz kumandanıyla evlendirmeyi düşünüyorum..."

Sözlerini tamamlayamadan açılan kapıya döndü hala; "Geldin mi Nejad? Bak neler söylüyor hoca hanım, onu iyi dinleyesin arslanım."

Safiye Hanım, derhal müsaade isteyerek Nevzad'la başbaşa kalmanın imkânını da hazırlayarak beraber çıkmalarını teklif etti... Sair kadınlarla bir bir selamlaştı ve çıktılar odadan. Nevzad Hanım, halasının kendisinden gizli söylediklerini bilirmiş gibi, muallimesi Safiye'nin ellerinden titreyerek tutuyordu, merdivenin daha ilk basamağında, göğsünden çıkardığı bir demet mektubu eski öğretmenine uzatmıştı bile...

"İşte efendim, bunlar Sultan hazretlerinin San Remo'dan bana yazdıkları mektuplardır, kendisi hemen her satırında bana olan aşkından, nikâhımızın peygambere verilmiş bir söz olduğundan bahsediyor, siz bize hem dinimizi hem de fenni öğretmiş bir muallime olarak, bir kadının tahtı nikâhında olduğu zevcine karşı nasıl bir muamele göstermesini emredersiniz, kaldı ki zatı şahaneleri Halife-i Millet-i İslâm'dır.

Safiye Hanım sadece "estağfirullah estağfirullah" diyor, bir yandan gözlüklerini takarken diğer yandan genç kadının titreyen avuçlarındaki mektuplara bakıyordu...

Sultan'ın yazısını hemen tanıdı Safiye Hanım.

Mektuplardan birisi, Hz. Süleyman'ın Kraliçe Belkıs'a yazdığı talimatla başlıyordu: *"Bana itaat ederek gelin!"* Neml suresinden birkaç ayet daha...

Kâh imparator, kâh sürgünde bir kumandan hâlet-i ruhiyesi ile yazılmış her halükarda edebiyat şahikası bu mektuplar, bir kadının kocası hakkındaki vazifeleri cihetinden şeriatın amir hükümlerini bahsettiği kadar, yaralı bir âşığın kaleminden de süzülüyordu... Okurken içi acıdı Safiye Hanım'ın... Vahidettin Han'ın bizzat kendi bestesi suz-i dilâra makamından nağmeler geliyordu mektupları okurken Safiye Hanım'ın kulaklarına; *"öldürse de aşkın beni, senden yine geçemem"* mısraı mesela... İçinde bir padişahın yazdığı hususi mektubu okuyor olmanın hicabı ile, çok sevdiği bir talebesinin yaşadığı hicran birbirine karışıyordu Safiye Hanım'ın... Kısa bir süre öncesine kadar dünyadaki tüm kızların düşünü kurabileceği bir evliliği vardı Nevzad'ın. Oysa şimdi? Hiç kimsenin talip olmayacağı bir kader, hatta kaçınacağı bir kimse oluvermişti talebesi... Mektuplara bir kere daha baktı Safiye Hanım; her padişahın aslen bir mesleği, sanatı olurdu, Vahdettin Han ise büyük bir bestekârdı ve mektubundaki hemen her cümlesinde bu etkileyici sanat kendisini okutuyordu...

"Efendim", dedi Nevzad Hanım; "benim annem de babam da vatanım da, hâsılı hepsi aşkımdır bundan sonra, benim hadd-i zatında aşkımdan başka sığınacak hiçbir serinliğim de yoktur..." Ağlamaya başladı yeniden... "Benim dileğim, iki serin namazın ikincisini efendimin yanında kılmaktır, rûz-i mahşerde onun yanında yürümektir. Namusuma bir halel gelmeden hangi zor şartta olursa olsun refikimin yanına varmaktır Allah'tan muradım!"

Safiye Hanım bir zamanlar saraydaki dershanesinin en çalışkan talebelerinden olan bu genç kadının gözlerindeki kararlılığı okuyunca, bir vakitler karnesine yazdığı aferin'lerinden en kuvvetlisini söyleyiverdi Nevzad Hanıma: "Aferin Nejad, aferin evladım, senden de bu sadakat beklenirdi zaten..."

. . .

Nevzad, yakın çevresinin tüm mani olma çabalarına rağmen, San Remo'ya eşinin yanına gitti. Orada sürgünün ve yoksulluğun en vahimiyle karşılaştığı hâlde, tahtsız Sultana olan sadakatinden asla taviz vermedi.

Altı yüzyıllık muhteşem bir şiirin son noktası, Nejad'ın avuçlarının içine konuldu; Sultan son nefesini onun avuçlarına bıraktı... Karı koca çoğu kez aç kaldılar, kimi zaman mum satın alacak paraları dahi olmadı, hatta son imparatorun ölüsü üzerine bile haciz konuldu...

Nejad, Suriye topraklarına zar zor taşıyabildi efendisini, şükür ki bir ezan gölgesine kavuşabilmişti son hükümdar... İffetinden, sadakatinden ve aşkından asla taviz vermeyen Nevzad Hanım, iki serin vaktin ikincisine teslim etti Hünkârını.

Aşk devletten kavi çıktı, aşkını devlet kıldı Nevzad Hanım... Altı yüzyıl önce Malhun Hatun'un göğsünden yükselen ulu çınarın son yaprağı onun gönlüne teslim edilmişti.

O yaprağı aşkla sakladı Nevzad Hanım...

"Bugün İstanbulum'da Ölemiyorum..."

Dürrişehvar Sultan

3 Mart 1924 gecesi, Adnan Adıvar Bey, "Hilafetin İlgası"nı, Son Halife'ye haber vermek üzere Dolmabahçe Sarayı'na girdiğinde, Abdülmecid Efendi'yi masasında iki kitapla başbaşa gördü...

Sabah erken saatlerden beri Dolmabahçe Sarayı'nın etrafında hazır bekletilen ve her birinin namlusu da Zat-ı Şahanelerine çevrili olarak duran askeri kordonu alelacele aştı Adnan Bey... Felaket tellalı olmak da varmış takdirde diye düşünürken, merdivenleri rüzgar gibi çıktı... Zaten kötü haberi, adeta diken üstünde için bekleyen Son Halife ve birkaç akrabası, kadere teslim olmuş bir halde karşıladılar onu...

Abdülmecid Efendi, Adnan Bey'in gelmiş olduğu haberi üzerine, "buyursunlar" dedi... Gözlüklerini çıkarıp, okuma masasının üzerine koymuştu bile, o içeri girerken... Adnan Bey, karmakarışık duygularla baktı Son Halife'ye, gözü okuma masasına iliştiğinde hangisinin daha önce kapatıldığını kestiremediği iki kitapla karşılaştı... Mushaf-ı Kerim ile ters ve şaşırtıcı bir şey; Monteigne'nın Denemeler'i, ihtiyar adamın gözlüğünün hemen altında ve yan yana duruyorlardı...

O an; Son Halife, Hadim-i Haremeyn, Zat-ı Şahane'lerinin, "ihtiyar adam"a dönüştüğü andı...

Alfabede olmayan bir harf: "Q" günü...

Darbe ve ayrılık: Adyö, Mersi...

Gerçi padişahlık Kasım 1922'de zaten kaldırılmış, yönetim Cumhuriyet Meclis'ine tevdi edilmişti... Abdülmecit Efendi'ninki, bir bakıma sembolik manada bir İslamlar Halifeliğiydi, ama... Hem Birinci Meclis'teki İslamcı muhalefetin varlığı, hem de özellikle Hindistan üzerinden gelen İslam Birliği mesajlarıyla, Abdülmecid Efendi'nin Halifeliği giderek siyasal bir merkezleşme imkanı doğuruyordu... Hükümet, savaştan henüz yeni çıkmış cumhuriyetin, böylesi ciddi bir iç muhalefetle karşılaşmasını göze alamazdı... Halifeliği ilga etti... 3 Mart 1924...

Adnan Bey, gece yarısını epey geçe getirdiği bu haberle, Son Halife'ye ve ailesine yurdu derhal terk etmeleri için, çok az bir zaman tanıyordu... Hizmetçiler ağlamaya başlayınca, Adnan Bey; yurdu terk etmeleri koşuluyla can emniyetlerinin olduğundan bahisle, hür bir yaşantılarının olacağını, selamette olduklarını dile getirmeye çalıştı... Maksadı, kötü değildi elbette, üzüntüyü ve yıkımı hafifletmeye dair cümleler; *"hür ve selamettesiniz efendim!"...*

O zamana kadar sessizce ve geride duran prenses Dürrüşehvar, tüm protokol hadlerini aşarak, düne kadar teb'asından bir teb'a olan Adnan Bey'in karşısında titreyerek ağladı ve itiraz etti: ''Ben böyle hürriyet istemiyorum!"...

Adnan Bey, göz kamaştırıcı güzellikteki prensese baktı ve eski bir alışkanlıkla derhal gözlerini yere indirerek, hafif bir reveransla selamladı hanımefendiyi... "Takdir böyleymiş Efendimiz!"...

Evet takdir!

Aynı takdir, en kısa zamanda Adnan Bey'i de tutup yakalayacak ve onu da sürgüne yollayacaktır, eşi Halide Edip ile birlikte...

Halide Edip ki: Onbaşı Halide, Milli Mücadele'nin Anadolu'daki genç aydınlarından Halide Hanım da takdir sırasının, hemen saltanat ailesinin ardından, kendilerine geleceğini ne bilsin?

Orient Ekspres'in kalkmasına ancak bir saat kala, apar topar hazırlıyorlar bavullarını baba kız: Son Halife Abdülmecit Efendi ve kızı Prenses Dürrüşehvar, iki hizmetçi ve iki yakın kişi daha, toplam altı kişiler ve Osmanoğullarının altı yüz yılı aşan kıtalararası hanedeanlığı o gece tam anlamıyla sona eriyor... Şark Ekspresi'yle, önce İsviçre, ardından Paris ve Nice...

Sürgünde, Haydarabad Nizamı Mir Osman Ali Han tarafından destek görüyorlar... Ama Abdülmecit Efendi'nin asıl şansı, güzeller güzeli kızı Prenses Dürrişehvar üzerinden yardım ediyor kendisine...

Yoksa o da diğer Osmanoğlu ailesinin yaşayacağı içler acısı sürgün ve sefalete kurban gidebilir, cesedine dahi haciz konulan, son nefesini açlıktan dolayı vermiş nice hanedan mensubu gibi acıklı bir son yaşayabilirdi... Ama elinde, iki inci taşıyordu Abdülmecid Efendi, *"lü'lü vel mercan"* denebilecek kadar güzel iki inci: kızı Dürrüşehvar Sultan ve yeğeni Nilüfer Hanım Sultan...

Uzak Asya Müslümanları, ezelden beri Türk Sultanlarına hayran ve karşılıksız bir aşkla bağlı olduğu için, derhal devreye giriyorlar ki; zaten Halife'nin başını Ankara'yla derde sokan da onların bu debdebeli aşkıdır Osmanlı'ya...

Efendim, Türk Prenseslerine derhal dünürcü oluyorlar... Dürrüşehvar, Haydarabad Nizamı'nın oğlu Prens Azzam Cah ile evlendiriliyor. Diğer prens Muazzam Şah ise, V.Murad'ın torunu Nilüfer Sultan'la hayatını birleştiriyor.

Güzeller güzeli iki kuzen, Hint Prensi iki kardeşle evlenirken, yine V. Murad'ın torunlarından Selma Hanım da Nepal yakınlarındaki bir Raca'ya eş ediliveriyor... (Selma Hanım Sultan, daha sonra Paris'e geçecek ve kızı Kenize Murad'ı dünyaya getirirken vefat edecektir...)

Tabii İstanbul sürgününden hemen sonra vukubulmayacaktır bu evlilikler... Bir müddet, vatandan, teb'adan ve saltanattan ayrı geçen sürgün günleri ve ailenin diğer dağılmış fertlerinin yaşadığı içler acısı sefalet haberleri de bu kızların kendilerine çok da uygun olmayan bu eşleri kabul etmesinde önemli rol oynamıştır...

Dürrişehvar Sultan'ın Nice'te gerçekleşen nikah merasimindeki fotoğrafı, aradan geçen uzun yıllar sonra bile, her şeyi anlatacak kadar sessiz ve kederli...

Ortada oturan "ihtiyar adam", sadece Osmanlı'nın değil, dünyadaki tüm İslamların mevlası, himayedarı ve sözcüsü son

Halife... Hemen iki yanındaki güzeller güzeli iki prenses; kızı Dürrüşehvar ve yeğeni Nilüfer Sultanlar... Önde beyaz dantelalı müsamere elbiselerine benzer kıyafetler ve başlarındaki taclarla yerlere oturmuş küçük çocuklar: Neslişah Sultan, Türkan Sultan, Necla Sultan, Rana Sultan, Hanzade Sultan... Küçüklerin hemen hepsi de başlarına gelenden çok da haberli değil, gülüyorlar bu düğün resminin içinde...

Son halife, ihtiyar adam, gözleri kapalı çıkmış fotoğrafta, belli ki kurtuluşu böyle buluyor hayattan: Gözlerini kapamak...

Elinde kol saati, boynunda kravat, başında fes, tiyatro ve piyano hayranı, son gününde bile, bir elinde Kur'an diğerinde Montaigne ile tam bir kozmopolit, tam bir "parizyen", tam bir medeniyetler halitası: Son Halife!

Hemen iki yanında, iki dünya güzeli kız; evladı ve yeğeni... Her iki kız da Avrupai eğitim ve terbiye ile büyümüş, başları, dekolteleri açık, asri modanın en zarif iki taşıyıcısı olarak farklı yönlere bakıyorlar...

Dürrişehvar'daki vakar, asalet ve sürekli ilerilere bakan kıpırtısız ve delici bakışlar, tam anlamıyla saltanatın kim üzerinden devam edeceğini açıklıyor gibi... Yanında, kocası Prens Azzam Şah... Başındaki görkemli kavuğu ile Dürrişehvar Sultan'ın ancak omuzlarına yetişebilen, ince elli, ince bacaklı, siyahi Prens...

Dürrişehvar'ın simasına hakim vakarlı ifadenin yanı sıra, Nilüfer Hanım Sultan'ınkisi ise tam bir muhalefet... Fotoğrafçıya bakmıyor, gülümseyen hatta müstehzi ve kaçamak bir bakışla, kim bilir kime bakıyor... Menekşe gözlü prenses, çok canlar yakacak, girdiği her cemiyetteki beylerin başını döndürecek, cümle kumandan ve diplomatları kendine aşık edecek, fırtınalı royal skandalların baş kahramanı olacağı, daha o düğün günü çekilmiş resminden belli...

Ama Dürrişehvar Sultan, illa Dürrişehvar Sultan...

Hindistan ve Pakistan'da hala ismi hayırlarla, medhü sena ve iftiharlarla yad edilen o güzel sultan... Geçenlerde, 10 Şubat 2006 günkü gazetelerimize, *"bir cenazeye sahip çıkamadık"* başlıklarıyla, ölümünü ancak bir haber olarak okuduğumuz son prenses... Bugün Londra Brookwood'daki Türk Mezarlığında yatıyor... Şükür ki; hiç olmazsa bir Türk Mezarlığında...

Dürrişehvar Sultan, Hint Pakistan dünyasına hizmetleri dokunmuş, kurduğu hastaneler ve özellikle kız okullarıyla, doğuların kadınının makus talihini değiştirmeye çalışmış idealist bir kadın... Halkın sevgisini ve takdirini kazanmış Berar Prensesi...

1937 yılında Hindistan'daki uluslararası bir kadın konferansında rastlaşıyorlar Halide Edip Hanım ile Dürrişehvar Sultan...

Takdir-i ilahi; karşılaştıklarında her ikisi de sürgünde, her ikisi de vatandan çıkartılmış iki kadın... Üstelik biri Saltanatı ve Osmanlıyı, diğeri ise Milli Mücadeleyi ve Cumhuriyeti temsil ediyor... Fakat zaman, her ikisinin de aleyhine işlemiş, kısa bir müddet evvel bir gece vakti evlerinden kovulanlarla, onları evden kovanlar, aynı gurbette buluşuyor...

Halide Hanım fevkalade etkilenmiş Dürrişehvar Sultandan... *"Osmanlı'nın uzunlarından da uzun"* dediği Dürrişehvar Sultan'ın vakar ve alçakgönüllüğü, hayran bırakmış gazeteci Halide Hanım'ı... Henüz 23 yaşında olduğu halde, yerli yabancı tüm diplomasiyi etrafında toplayan ve konferansta kadınların sağlık ve eğitimi konusunda oldukça ciddi bir konuşma yapan "son sultan"ı adeta aşkla dinlerken Halide Hanım birden beynine saplanan bir fotoğrafı hatırlıyor:

"Onu gördüğümde üzerinde sıradan gösterişsiz bir sari vardı. Makyajsızdı ve takı takmamıştı. Müslinle sarılı başı, güçlü omuzlarının üstünde dimdikti... Geniş alnı, uzunca bir yüzü, geriye taranmış sarı saçları ve zarif, yuvarlakça bir çenesi vardı. Büyük mavi gözleri birbirinden ayrık, gür kaşları muntazam ve kavisliydi. Sanki bir hayal mahsülü olan küçücük kıpkırmızı ağzı tahayyül edilebilecek en beyaz dişleri ortaya çıkarıyordu.

Bu yüzü daha önce nereden görmüştüm?.

Merakım fazla sürmedi...

Bellini'nin yaptığı Fatih Sultan Mehmet portresi..."

Halide Hanım, tıpkı büyük babası Fatih Sultan Mehmet Han gibi, Dürrişehvar Sultan'ın da şiir ve eğitime olan inancını ve azmini anlattığı makalesinde, Sultan'ın aynı zamanda iyi bir ressam olduğundan da bahsediyor. Urduca'yı hayli akıcı konuşan Dürrişehvar Sultan, İngilizce ve Fransızcayı ise ''anadili'' gibi konuşuyormuş... Kadınların devam edebileceği kolejler, kadın-doğum hastaneleri ve okuma yazma seferberliği ve Hindistan'ın elektrik santralleri gibi sosyal işleri de bizzat yürüten Dürrişehvar Sultan...

İngiliz diplomatlardan Philip Mason, onun için şöyle diyor: *"Asalet onun özünde vardı ve tanımlanamazdı... Eğer kaderinde olsaydı, dünyanın en büyük kraliçelerinden biri olabilirdi..."*

Ve yıllar sonra, Sultan Hanım, 92 yaşında, doğduğu ve büyüdüğü memleketinden çok uzaklarda, har vurulup harman savrulmuş yakıcı bir vakumun içinde, her şeye rağmen asil ve her şeye rağmen himayedar haliyle aramızdan uçup gitti... Cenazesinde birkaç kişi vardı... Allah rahmet eylesin...

İstanbul'dan ayrı düşmüş kadınların son nefeslerinde İstanbul'un sularını sayıkladıkları anlatılır pek çok seyahatname ve hatıratta... Hatta son nefesini Medine'de veren İstanbul hanımefendileri için hususi şişelerde özenle saklanan İstanbul Su'larından bahsedilir.

Vatan ve memleket hasretinin sığabileceği en küçük yer: Bir şişe ve bir yudum su... Dürrişehvar'ın o küçücük kan kırmızısı ağzına yetişip yetişmediğini bilmiyoruz ama, Sultan Hazretlerinin son nefeslerini susuz teslim ettiğini biliyoruz...

Dürrişehvar Sultan vefat ettiği gün, Muharrem ayı içindeydik... Aklıma her nedense Kerbela Şehitlerinin yürek yakan susuzluğu da geldi...Vatana susuz, İstanbul'a susuz... Terk-i diyar eyledi, Allah mağfiret eylesin...

PADİŞAHLARIN KADINLARI VE KIZLARI

OSMAN BEY / ***Kadınları:*** Balâ Hatun, Mal Hatun / ***Kızları:*** Fatma

ORHAN BEY / ***Kadınları:*** Nilüfer Hatun, Asporça Hatun, Teodora (Maria), Eftandise Hatun / ***Kızları:*** Fatma Hatun, Hatice Hatun

I. MURAD / ***Kadınları:*** Gülçiçek Hatun, Tamara (Mara) Paşa Melek Hatun / ***Kızları:*** Nilüfer hatun, Melek Hatun

YILDIRIM BEYAZİD / ***Kadınları:*** Devletşah (Devlet) Hatun, Maria Olivera (Despina) Hafsa Hatun / ***Kızları:*** Hundi Hatun, Oruz Hatun, Fatma Hatun, Erhondu Hatun

ÇELEBİ MEHMED / ***Kadınları:*** Emine Hatun, Kumru Hatun / ***Kızları:*** Selçuk Hatun, Hafsa Hatun, Ayşe Hatun, Sultan Hatun, İtaldı Hatun

II. MURAD / ***Kadınları:*** Hatice Hatun, Hüma Hatun, Yeni (Jeni) Hatun, Mara (Despina) / ***Kızları:*** Erhondu Hatun, Fatma Hatun, Hatice Hatun, Şehzade Hatun

FATİH SULTAN MEHMED / ***Kadınları:*** Gülbahar Hatun, Gülşah Hatun, Sitti Hatun, Çiçek Hatun, Helen / ***Kızları:*** Gevher Sultan

II. BEYAZİD / ***Kadınları:*** Ayşe Hatun, Bülbül Hatun, Ferahşad Hatun, Gülbahar Hatun, Gülruh Hatun, Hüsnüşah Hatun, Nigar Hatun, Şirin Hatun / ***Kızları:*** Aynışah Sultan, Ayşe Sultan, Fatma Sultan (Sofu), Gevhermülük Sultan, Hatice Sultan, Hundi Sultan, Hüma Sultan, İlaldı Sultan, Kamer Sultan, Selçuk Sultan, Şah Sultan, Sultanzade Hatun

YAVUZ SULTAN SELİM / ***Kadınları:*** Hafsa Sultan / ***Kızları:*** Beyhan Sultan, Fatma Sultan, Hafsa Sultan, Hatice Sultan, Şah Sultan, Hanım Hatun

KANUNİ SULTAN SÜLEYMAN / ***Kadınları:*** Hurrem Sultan, Mahidevran Kadın, Gülfem Hatun / ***Kızları:*** Mihrimah Sultan, Raziye Sultan

II. SELİM / ***Kadınları:*** Nûrbanû Sultan / ***Kızları:*** İsmihan Sultan, Şah Sultan, Gevherhan Sultan, Fatma Sultan

III. MURAD / ***Kadınları:*** Safiye Sultan, Şemsiruhsar Kadın / ***Kızları:*** Ayşe Sultan, Fahri Sultan, Fatma Sultan, Mihriban Sultan, Rukiye Sultan

III. MEHMED / ***Kadınları:*** Handan Sultan

I. AHMED / ***Kadınları:*** Mahfiruz Sultan, Mahpeyker Sultan / ***Kızları:*** Ayşe Sultan, Fatma Sultan, Atike Sultan, Hanzade Sultan

II. OSMAN / ***Kadınları:*** Akile Hanım, Ayşe Kadın

IV. MURAD / ***Kadınları:*** Ayşe Sultan / ***Kızları:*** Kaya Sultan, Safiye Sultan, Rukiye Sultan

SULTAN İBRAHİM / ***Kadınları:*** Hatice Turhan Sultan, Aşub Sultan, Muazzez Sultan, Ayşe Sultan, Mahenver Sultan, Şivekâr Sultan, Mümaşah (Telli Haseki) / ***Kızları:*** Fatma Sultan, Gevher Sultan, Beyhan Sultan

IV. MEHMED / ***Kadınları:*** Gülnûş Sultan, Gülnar Kadın, Afife Kadın / ***Kızları:*** Hatice Sultan, Fatma Sultan, Ümmi Sultan

II. SÜLEYMAN / ***Kadınları:*** Hatice Kadın, Beyzat Kadın, İvaz Kadın, Süğlün Kadın, Şehsuvar Kadın, Zeynep Kadın

II. AHMED / ***Kadınları:*** Rabia Sultan / ***Kızları:*** Asiye Sultan, Atike Sultan

II. MUSTAFA / ***Kadınları:*** Alicenâb Kadın, Afife Kadın, Hümaşah Kadın, Saliha Sultan, Şehsuvar Sultan, Hatice Kadın, Hanife Hatun / ***Kızları:*** Ayşe Sultan, Emine Sultan, Safiye Sultan, Emetullah Sultan, Zeyneb Sultan, Fatma Sultan, Rukiye Sultan, Hatice Sultan

III. AHMED / ***Kadınları:*** Emetullah Kadın, Ayşe Kadın, Emine Kadın, Fatma Kadın, Gülşen Kadın, Hatice Kadın, Hurrem Kadın, Meyli Kadın, Mihrişah Sultan, Nazife Kadın, Nejat Kadın, Rukiye Kadın, Sadık Kadın, Ümmügülsüm Kadın, Zeyneb Kadın, Hanife Kadın, Şermi Sultan / ***İkballeri:*** Şayeste Hanım / ***Kızları:*** Fatma Sultan, Ümmügülsüm Sultan, Ümmügülsüm Sultan, Ümmügülsüm Sultan, Zeyneb Sultan, Zeyneb Sultan, Zeyneb Sultan, Ayşe Sultan, Ayşe Sultan, Saliha Sultan, Esma Sultan, Atike Sultan, Hatice Sultan, Zübeyde Sultan, Emine Sultan, Emine Sultan, Naile Sultan, Nazife Sultan, Rabia Sultan, Rabia Sultan, Reyhan Sultan, Rukiye Sultan, Rukiye Sultan, Rukiye Sultan, Sabiha Sultan, Ümmüseleme Sultan, Akile Sultan, Beyhan Sultan, Emetullah Sultan

I. MAHMUD / ***Kadınları:*** Alicenab Kadın, Verdinaz Kadın, Rami Kadın / ***İkballeri:*** Meyyase Hanım, Fehmi Hanım, Sırrı Hanım, Habbabe Hanım

III.OSMAN / ***Kadınları:*** Zevki Kadın, Ferhunde Emine Kadın

III. MUSTAFA / ***Kadınları:*** Adilşah Kadın, Aynülhayat Kadın, Mihrişah Sultan, Rif'at Kadın / ***Kızları:*** Hibetullah Sultan, Mihrimah Sultan, Mihrişah Sultan, Şah Sultan, Beyhan Sultan, Hatice Sultan

I. ABDÜLHAMİT / ***Kadınları:*** Ayşe Sineperver Kadın, Binnaz Kadın, Dilpezir Kadın, Hümaşah Kadın, Mehtabe Kadın, Mislinayab Kadın, Muteber Kadın, Nakşidil Sultan, Nevres Kadın, Şebisefa Kadın, Ruhşah Hatice Kadın / ***Kızları:*** Ayşe Dürrüşehvar Hanım, Hatice Sultan, Esma Sultan, Aynışah Sultan, Rabia Sultan, Melekşah Sultan, Rabia Sultan, Fatma Sultan, Alemşah Sultan, Saliha Sultan, Hibetullah Sultan, Emine Sultan

III. SELİM / ***Kadınları:*** Afitab Kadın, Aynısefa Kadın, Demboş Kadın, Goncanigar Kadın, Hüsnümah Kadın, Nuruşems Kadın, Tab'ısefa Kadın, Zibifer Kadın, Mahbube Kadın, Safizar Kadın, Refet Kadın / ***İkballeri:*** Meryem Hanım

IV. MUSTAFA / ***Kadınları:*** Seyyare Kadın, Dilpezir Kadın, Şevkinur Kadın / ***Kızları:*** Emine Sultan

II. MAHMUD / ***Kadınları:*** Aşubcan Kadın, Bezmialem Sultan, Hoşyar Kadın, Nevfidan Kadın, Nuritab Kadın, Pertevniyal Sultan, Piruzufelek Kadın, Vuslat Kadın, Zernigar Kad ın / ***İkballeri:*** Hüsnümelek Hanım, Zeynifelek Hanım, Tiryal Hanım, Lebriz Hanım / ***Kızları:*** Fatma Sultan, Ayşe Sultan, Fatma Sultan, Saliha Sultan, Mihrimah Sultan, Şah Sultan, Emine Sultan, Şah

Sultan, Zeyneb Sultan, Emine Sultan, Hamide Sultan, Cemile Sultan, Atiye Sultan, Münire Sultan, Hatice Sultan, Adile Sultan, Fatma Sultan, Hayriye Sultan

ABDÜLMECİD / ***Kadınları:*** Servetseza Kadın, Tirimüjgan Kadnı, Şevkefza Kadın, Düzdidil Kadın, Perestû Kadın, Gülcemal Kadın, Mahitab Kadın, Bezmara Kadın, Verdican Kadın / ***İkballeri:*** Nalandil Hanım, Ceylanyar Hanım, Serfiraz Hanım, Nergizev Hanım, Gülûstu Hanım, Navekmisal Hanım, Nesrin Hanım, Şayeste Hanım, Nüketseza Hanım / ***Kızları:*** Mevhibe Sultan, Naime Sultan, Fatma Sultan, Behiye Sultan, Neyyire Sultan, Refia Sultan, Aliye Sultan, Cemile Sultan, Münire Sultan, Münire Sultan, Samiye Sultan, Nâzıme Sultan, Sabiha Sultan, Behice Sultan, Makbule Sultan, Şahime Sultan, Mediha Sultan, Naile Sultan, Bedia Sultan

ABDÜLAZİZ / ***Kadınları:*** Dürrünev Kadın, Hayrandil Kadın, Edadil Kadın, Nesrin Kadın, Gevheri Kadın / ***Kızları:*** Saliha Sultan, Nâzime Sultan, Emine Sultan, Esma Sultan, Emine Sultan, Fatma Sultan

V. MURAD / Kadınları: Mevhibe Kadın, Reftaridil Kadın, Şayan Kadın, Meyliservet Kadın, Resan Hanım / ***Kızları:*** Hatice Sultan, Fehime Sultan, Fatma Sultan, Aliye Sultan

II. ABDÜLHAMİD / Kadınları: Nazikeda Kadın, Bedrifelek Kadın, Nurefsun Kadın, Bidar Kadın, Dilpesent Kadın, Mezid Kadın, Emsalinur Kadın, Müşfika Kadın / ***İkballeri:*** Sâzkâr Hanım, Peyveste Hanım, Fatma Pesent Hanım, Behice Hanım, Sabiha Naciye Hanım / ***Kızları:*** Ulviye Sultan, Zekiye Sultan, Naime Sultan, Naile Sultan, Şadiye Sultan, Ayşe Sultan, Refia Sultan, Hatice Sultan, Samiye Sultan

MEHMED REŞAD / ***Kadınları:*** Kamures Kadın, Mihrengiz Kadın, Dürrüaden Kadın, Nazperver Kadın, Dilfirib Kadın

MEHMED VAHİDETTİN / ***Kadınları:*** Nazikeda Kadın, İnşirah Kadın, Müveddet Kadın, Nevare Kadın, Nejat Kadın / ***Kızları:*** Fenire Sultan, Ulviye Sultan, Sabiha Sultan